# 学生热爱父母教育

萧 枫 姜忠喆◎主编

**特约主编：** 庄文中 龚 玲

**主 编：** 萧 枫 姜忠喆

**编 委：** 孟迎红 郑晶华 李 菁 王晶晶 金 燕
刘立伟 李大宇 赵志艳 王 冲
王锦华 王淑萍 朱丽娟 刘 爽
陈元慧 王 平 张丽红 张 锐
侯秋燕 齐淑华 韩俊范 冯健男
张顺利 吴 姗 穆洪泽
左玉河 李书源 李长胜 温 超
范淑清 任 伟 张寄忠 高亚南
王钱理 李 彤

"四特"教育系列丛书

吉林出版集团有限责任公司

**图书在版编目(CIP)数据**

学生热爱父母教育 /《“四特”教育系列丛书》编委会编著. -- 长春：吉林出版集团有限责任公司，2012.4

(“四特”教育系列丛书 / 庄文中等主编. 班主任治班之道)

ISBN 978-7-5463-8772-7

Ⅰ. ①学… Ⅱ. ①四… Ⅲ. ①中小学生-品德教育 Ⅳ. ①G631

中国版本图书馆 CIP 数据核字(2012)第 043972 号

**学生热爱父母教育**

---

**责任编辑** 孟迎红 张西琳
**责任校对** 赵 霞
**开 本** 690mm×960mm 1/16
**字 数** 250 千字
**印 张** 13
**版 次** 2012 年 4 月第 1 版
**印 次** 2018 年 2 月第 1 版 第 2 次印刷
**出 版** 吉林出版集团股份有限公司
**发 行** 吉林音像出版社有限责任公司
吉林北方卡通漫画有限责任公司
**地 址** 长春市泰来街 1825 号
邮 编:130062
**电 话** 总编办:0431-86012906
发行科:0431-86012770
**印 刷** 北京龙跃印务有限公司

---

ISBN 978-7-5463-8772-7 **定价：39.80元**

# 前　言

学校教育是个人一生中所受教育最重要的组成部分，个人在学校里接受计划性的指导，系统地学习文化知识、社会规范、道德准则和价值观念。学校教育从某种意义上讲，决定着个人社会化的水平和性质，是个体社会化的重要基地。知识经济时代要求社会尊师重教，学校教育越来越受重视，在社会中起到举足轻重的作用。

"四特教育系列丛书"以"特定对象、特别对待、特殊方法、特例分析"为宗旨，立足学校教育与管理，理论结合实践，集多位教育界专家、学者以及一线校长、老师们的教育成果与经验于一体，围绕困扰学校、领导、教师、学生的教育难题，集思广益，多方借鉴，力求全面彻底解决。

本辑为"四特教育系列丛书"之《班主任治班之道》。班主任是教师队伍的重要组成部分，是班级工作的组织者、班集体建设的指导者、学生健康成长的引领者，是思想道德教育的骨干，是沟通家长和社区的桥梁，是实施素质教育的重要力量。班主任工作是学校教育中极其重要的育人工作，既是一门科学，也是一门艺术。班主任工作既包括日常的教学管理，也包括班级文化建设。

本辑共20分册，具体内容如下：

1.《管好班干部》

班干部是班集体的核心，也是班级的"火车头"，这个"头"带的好不好，马力足不足，直接影响到整个班级的运转。有了优秀的班干部队伍，班级各项工作就会顺利开展，班级面貌就会生机勃勃；反之，班级就是一盘散沙，集体就会涣散无力。因此，如何培养一支素质高、能力强的班干部队伍，显得尤为重要。本书对班主任如何管理好班干部进行了系统而深入的分析和探讨，并提出了解决这一问题的新思路、可供实际操作的新方案，内容翔实，教案丰富，对中小学班主任颇有启发意义。

2.《带班的技巧》

本书讲述的常见问题与解决策略，绝大多数来自新时期一线班主任的教育实践，因此，其实用性和可操作性是不言而喻的。同时.本书又不拘泥于就"问题"论"问题"，而是透过现象看本质，善于引导新班主任们看到问题背后更深层次的东西，从而看得更远、想得更深、悟得更多。

3.《全能班主任》

优秀的班主任是如何炼成的？他们的成长要经过多少道磨练？……本书对优秀班主任成长必经的多项全能进行了深刻剖析与精彩演绎。

来自一线最真实的问题，来自一线最优秀班主任的"头脑风暴"，来自全国著名班主任的点拨，使得本书在浩如烟海的班主任培训用书中脱颖而出。

4.《拿什么约束班主任》

班级是学校进行教育、教学工作的基本单位。班主任是班集体的组织者、教育者和指导者，是学校领导实施教育、教学计划的直接执行者，是指导团队开展工作的重要力量，是沟通学校、家庭、社会三结合教育渠道的桥梁。为了能更好地体现新课程改革对班主任工作的要求，进一步规范班主任工作的管理，明确班主任工作职责，促进班级工作的开展，建立良好的班风、校风，班主任教师除了在工作中讲究技巧性和艺术性外，还应该有严格的工作要求与便于实践操作的基本规范。

5.《班主任的基本功》

班主任工作十分繁杂，头绪很多，要想成为一名优秀的班主任，应当从事务堆中解脱出来，始终保持清醒的头脑，以明确自己的使命。本书全方位地阐述了新时期做好班主任应具备的各方面要素；它从班主任实际工作出发，从工作中出现的问题入手，再到详细地分析问题的成因，最后提出解决问题的方法、策略或建议。本书反映了我国新时期有关班主任工作的方针、政策的新动向，反映了班主任教育理念发展的新趋势，同时也反映了班主任工作实践活动的新发展。

6.《从细节入手》

班主任是班级的组织者、协调者、领导者和教育者，他是距离学生最近、与学生接触最多、对学生影响最大的老师。他的管理、他的教育影响的发挥在很大程度上取决于对教育细节的把握。细节虽小，却能透射出教育的大理念、大智慧。一个成功的班主任，一定是一个关注细节、善于利用细节去感染、教育和管理学生的人。

7.《班主任谈心术》

当前，青少年心理健康问题已成为全社会越来越关注的焦点。因青少年心理问题引发的违法犯罪等社会问题，也呈日趋上升的态势。现代教育的发展要求教师“不仅仅是人类文化的传递者，也应当是学生心灵的塑造者，是学生心理健康的维护者”。作为一班之“主”的班主任，能否以科学而有效的方法把握学生的心理，因势利导地促进各种类型学生的健康成长，将对教育工作的成败有决定性的作用。但是，面对性格迥异，出身、家庭等各有不同的学生，如何走进他们的心灵、倾听他们的心声、解决他们的思想问题？本书将一一为您解答。

8.《班主任治班之道》

班级是学校的基础“细胞”。班级管理搞好了，学校的教育、教学工作才会得以顺利。正如赫尔巴特所说：“如果不坚强而温和地抓住管理的缰绳，任何功课的教育都是不可能的。”可见班级管理工作是多么的重要。而班主任作为班级的组织者、管理者，做好班级的管理就成为班主任工作的重中之重。

9.《怎样开好班会》

主题班会可以锻炼学生的活动能力，开拓他们的眼界。如何设计好一场别开生面的主题班会，寓教于乐，从思想上和情感上润物无声，对学生起到特殊的教育作用，这本手册是您的最好选择。分类细，立意精，内容新，一册在手，开班会不愁！

10.《突发事件应对》

书中列举的大量真实生动的案例，无不充满智慧，充满心与心的交流。书中的一幕幕校园闹剧，让人有种似曾相识的感觉；书中老师的“斗智斗勇”，让人感到耳目一新，由衷叹服，不禁感慨教育真是一门充满智慧的学问！

11.《学生人格教育》

本书从人格类型入手，对教师和学生的人格类型进行了划分；再结合大量实证研究和教学实践个案，提出了教师应如何巧妙地根据学生的心理类型，在全班教学的同时又针对类型差异，进行适应个别差异的教学和管理，以满足学生的需要来激发学生的学习兴趣，进而提高教学效率，使每个学生得到适合自己的发展。阅读本书，教师不仅能够掌握更有效的教学方式、让学生喜欢上学习、提高教学质量，而且能够对自己有更进一步的了解，有利于教师的自我成长。

12.《学生心理教育》

当前我国教育改革和发展面临的重大任务和时代主旋律，是全面实施和推进素质教育。素质教育的重要内容和目标之一，就是培养学生良好的心理素质，提高学生的心理健康水平。而要想培养和发展学生的心理素质，最重要的方法就是面对全体学生系统地开展心理健康教育。本书就是一本供中小学生心理健康教育用的书，有助于引导中小学生领悟到相关的理念、知识和方法。

13.《学生遵纪守法教育》

对广大青少年的遵纪守法教育应根据其认识水平，从纪律教育入手，让他们从小建立起规则意识。而且要明确所在学校的校规，所在班级的班规；要了解学校的各种制度。由学校的一些纪律制度，推而广之，让青少年对必要的社会公共秩序的规定也要有所了解。同时，要青少年明白人小也要守法。本书以青少年为主要读者对象，目的是让青少年读者感受到遵纪守法的必要性。

14.《学生热爱学习教育》

本书通过大量实例，深入浅出地剖析了动机的重要性和来源，教您如何激发学生投入学习的动机，怎样鼓励学生完成学习任务，还告诉您怎样及时遏制学生在课堂上的不当动机。掌握了激发学生学习动机的策略之后，您会发现，让学生都爱学习，已不再只是梦想，它正在慢慢变为现实。

15.《学生热爱劳动教育》

教育与生产劳动相结合是我党教育方针的重要组成部分，是我们坚持社会主义教育方向的一项基本措施。要搞好教育与生产劳动的有机结合，必须首先教育学生热爱劳动，使每个学生对劳动产生渴望，感到劳动是一种欢乐，是一种享受。当学生能从劳动中取得乐趣时，劳动教育才算获得成功。

16.《学生热爱祖国教育》

热爱祖国是中华民族的传统美德，是每个公民的神圣义务。“以热爱祖国为荣，以危害祖国为耻”不仅是一个普通的道德准则，也是公民的生活规范。爱国主义是维护中华民族大团结，促进社会大发展的主要精神动力，是中华民族最基本、最重要的传统美德。爱国主义，也是对自己祖国和人民的深厚感情。

17.《学生热爱社会教育》

构建社会主义和谐社会，必将为青少年健康成长创造一个优良的社会环境。同时，加强青少年社会教育，促进青少年健康成长，对于促进社会主义和谐社会建设，也具有十分重要的意义。社会的持续发展，持续和谐，在很大程度上取决于今天的青少年能否成为未来社会的合格成员，而培养合格的社会成员，仅靠学校教育、家庭教育是不够的，必须坚持学校教育、家庭教育和社会教育相结合。

18.《学生热爱科学教育》

当你们看着可爱的动画片，玩着迷人的电脑游戏，坐上快速的列车，接听着越洋电话的时候，……你可曾意识到科学的力量，科学不仅改变了这个世界，也改变了我们的生活，科学就在我们身边。科学技术的日新月异，使得科学不只为尖端技术服务，也越来越多地渗透到我们的日常生活之中，这就需要正处于青少年时代的我们热爱科学，学习科学。

19.《学生热爱环境教育》

我们不是从祖先那里继承了地球，而是从子孙那里借用了地球。宇宙无垠，地球是一叶扁舟，人类应该同舟共济。地球能满足人类的需要，但满足不了人类的贪婪。森林是地球的肺，我们要保护森林。水是生命的源泉，珍惜水源也就是珍惜人类的未来。拯救地球，从生活中的细节做起。对待环境的态度，表现着一个人的素质和教养。人类若不能与其它物种共存，便不能与这个星球共存。幸福生活不只在于衣食享乐，也在于碧水蓝天。

20.《学生热爱父母教育》

专家认为教育首先是让孩子“成人”，然后再是“成才”。要弄清成绩、成人与成才三者的关系，谨防“热爱教育”缺失造成的心灵成长“缺钙”现象。对一个孩子健全人格的培养，最关键的要让他做到几点：热爱父母，能承受挫折、吃得起苦，有劳动的观念。热爱父母，才能延及热爱社会、热爱人生。

由于时间、经验的关系，本书在编写等方面，必定存在不足和错误之处，衷心希望各界读者、一线教师及教育界人士批评指正。

编者

# 目　录

# 第一章

# 学生热爱父母教育的理论指导

# 1. 学生热爱父母的教育指导

在电视节目中，我们也经常见到：一个上小学的女孩儿，母亲病卧在床多年。小女孩儿承担起了全部家务，每天买菜、做饭、收拾房间、为母亲擦洗身体。家里生活十分困难，她养成了省吃俭用的习惯。在这种情况下，她每天按时到校上课，勤奋苦读，还担任学生干部，成为三好生，被评为“十佳少年”。

古时候有所谓“孝为百行首”、“人生五伦孝当先”的说法。孝，就是孝敬父母、尊重长辈，实质是知根溯源、感恩图报的思想。孝敬父母，这是人类相生相养的自然情感，是中华民族传统美德的基础，是做人的基本道德规范。

近几年来，随着物质生活的不断提高，独生子女不断增多，人们的孝敬意识逐渐淡漠，父母对子女的宠爱不断升级，造就了一个个“小皇帝”，在社会上形成了敬老不足，宠少有余的风气。表现在学校，是相当一部分学生以自我为中心，个人利益至上，不关心集体和他人，不爱劳动，不尊重老师和长辈，对集体活动缺乏热情等。

在新时期，孝敬父母已成为评价公民道德综合素质的标准之一。结合实施《中共中央国务院关于进一步加强和改进未成年人思想道德建设的若干意见》文件精神，就当前如何加强对青少年学生进行孝敬父母的教育：

(1) 教育的具体内容

①明礼—首要目标。教育学生树立“孝敬父母光荣，不孝敬父母可耻”的荣辱观念和人伦意识，从而能自觉地做到体贴、关心、尊敬、热爱父母。做一个懂孝敬、讲孝行的孩子。

②激情—过程实施。教育学生倾注情感与父母交流，激发其内

心的亲情。

③导行—完美人格。教育学生继承孝、敬的优良传统，让其最终内化为自身良好的行为习惯。

（2）教育的过程、操作策略

①家庭、学校“一体化”教育。利用家长、学校，开展“孝父母，献爱心”等亲近、互动型主题活动，采取以学校倡导教育为主导，以家长评价为依据，了解学生对父母的了解，包括对他们理解的深度、感情、态度以及在心中的位置等，进而针对性地进行教育。

让孩子了解父母为他和家庭所付出的辛苦。父母应当有意识地经常把自己在外工作和收入的情况告诉孩子，说得越具体越好，从而让孩子明白父母的钱得来不易。自然，孩子会逐渐珍惜自己的生活，也会从心底里产生对父母的感激和敬重。

②少先队主题队会融情。少先队组织要定期围绕孝敬父母这一主题，结合实际事件开展活动。例如开展“妈妈，您辛苦了”、“今天我当值”、“我为父母敬孝心”等活动，组织交流探讨，在少先队活动情景中教育。

③学科渗透。科任教师要利用好品德课、语文课上的一些内容、故事来加强对学生孝敬父母的教育。明确地教育学生应该怎样去做，该做什么等。

④实践强化。它是指，对学生提出具体要求“听从父母教导，关心父母健康，分担父母忧虑，参与家务劳动，不给父母添乱”。在常规训练中，每月安排孝敬方面的主题，进行集中训练，要求学生做到：讲礼貌，让父母舒心；多帮忙，让父母省心；好学习，让父母开心等。在过程中，做到有指导，有督促，有检查，有记录，将这些内容放入学生的成长记录袋，定期评选孝敬之星，予以表彰。

“孝敬父母”是中华民族最古老的传统美德，作为教育者，我们要循序渐进地加以引导，在实践中摸索，带动素质教育的提高。

## 2. 学生热爱父母的教育实践

一个人对自己的父母都漠不关心，都不爱，那么，很难指望他将来到社会上去关心别人，去爱祖国。一个人懂得孝敬父母，这是他爱国主义情感的基础，而孝敬父母又包括子女对父母的亲爱之情、顺从之意、敬爱之心和侍奉供养之行。教育学生孝敬父母应着重抓住三点：

（1）教育学生谨身节用，懂得体贴父母。中国古代有句话，叫作："谨身节用，以养父母"，就是说，当子女的自己要节约一些，省俭一点，这样就能有充分的物力来赡养自己的父母。虽然，现在的父母绝大多数都不需要子女赡养，但需要子女对父母的体贴与理解。一些高年级的学生不顾家庭经济条件，电视广告上最新推出什么，他们就攀比着吃喝什么；什么最流行，他们就穿什么；什么最高档，他们使用什么……一些工薪阶层的父母为了满足孩子的欲望只得勒紧裤带，那些亏损企业提前下岗的学生父母更是苦不堪言。所以，应教育学生要懂得体贴父母，知道父母的钱来之不易。

（2）引导学生仿效榜样，学会尊敬父母。现在的小学生多为独生子女，多被父母视为掌上明珠，他们对父母缺乏应有的尊敬和礼貌。一个因患脑溢血而致半身不遂的家长曾声泪俱下地讲述了她的孩子张X嫌她在邻居面前丢人现眼，经常在家摔盘子、砸碗。针对这些情况，课外时间搜集一组名人孝亲的故事，品德课上给学生讲房玄龄为继母尽孝、陈毅亲手为病母洗尿布等古今名人孝亲敬母的故事。让全班同学每人讲一个在家"孝"、"敬"父母的实例等。

（3）激励学生多做家务，学会关心父母。古人云：情其四肢，不顾父母之养，一不孝也。现在的父母为了子女更专心于学业上的竞争、包揽了一切家务，以至于大多数学生“高分低能”，自理能力弱，有些学生习惯于父母对自己的悉心照顾，却很少关心整日为自己操劳的父母。为了促使学生将孝敬父母的道德观念转变为关心父母的道德行为，让“孝”与“敬”能真正落后到实处，可以设计一份学生在家操行“一日规”，其中包括每天早起必须自己叠被，自己收拾房间，自己烧早餐。还有必须自己动手刷鞋、洗袜子和内衣裤。制定“双休日家务劳动安排表”。内容包括帮父母买菜，打扫家庭卫生。暑假里我精心设计了假期作文题，如《我给妈妈当帮手》、《我学会了……》、《今天，自己也露一手》。目的在于让学生写自己亲手做的事、亲身经历与感受。

总之，教育的方法多种多样。一分耕耘一分收获，孝敬父母之花将永开。

## 3. 培养学生的高尚品德

所谓“感恩”，就是乐于把得到好处的感激呈现出来且回馈他人。所谓“感恩教育”，是教育者通过一定的教育内容对受教育者实施的知恩、感恩、报恩和施恩的人文教育，是一种以德报德的情感教育，是一种以人性唤起人性的人性教育，是在心灵深处不断培育强大学习动力的自我教育。

随着时代的前进、社会的发展，人民的物质生活水平已达到较高的水平，但是学生的感恩意识缺失，不懂感恩、不会报恩、拒绝感恩的现象时有发生，暴露出基础道德滑坡、理想信念缺位、价值观念扭曲等一系列深层次的问题，严重影响教育教学质量的提高，影响学生良好品德的形成。究其原因：

一是现在的家庭独生子女居多，他们都是家庭的中心，是家中的"小皇帝"、"小公主"，家中四五个大人围着他们转，孩子要什么，就给什么。真是"含在嘴里怕化了，捧在手里怕掉了"，久而久之，孩子的心中就只有自己，没有别人了。由于家长过于溺爱，忽略了对孩子进行感恩教育，致使孩子们以为向长辈们索取是天经地义的事，养成了只想索取、不思回报的习惯。

二是由于分数成为惟一评价标准，"不考则不教，不考则不学"成了学校的普遍现象，感恩教育缺失就可想而知了。

三是改革开放30多年来，国门打开了，空气新鲜了，但是一些苍蝇和蚊子也进来了，拜金主义、享乐主义等一些不健康的思潮也进来了，严重地影响了青少年的价值观，他们朴素美好的情感被淹没，感恩情愫缺失。

感恩是人类最美的品德之一，是一种境界，是一种心态，是人性的高贵灵魂，是道德的良性互动，是孕育学习动力的润滑剂。感恩能让我们感受到大自然的美妙，生活的美好，能保持我们积极、健康、阳光的良好心态。感恩更是学会做人、成就阳光人生的支点。从成长的角度来看，有这么一个规律，即心的改变，态度就跟着改变；态度的改变，习惯就跟着改变；习惯的改变，性格就跟着改变；性格的改变，人生就跟着改变。

感恩的心改变我们态度，态度带动我们的习惯，良好的习惯升华我们的性格，健康的性格收获我们美丽的人生。然而，在我们的校园里，感恩缺失是一大顽疾，它腐蚀良心、伤害爱心、赶走善心，如任其蔓延，校园将成为感情的荒漠，学习将失去动力之源，教育将会失去根基。使学生常怀感恩之心，常留感恩之意，常存感恩之情，才会对家庭充满眷恋，对生活寄予希望，对别人施以爱心，对学校怀有敬意，对社会予以回报。

呼唤感恩的回归，加强学生的感恩教育，成为目前德育领域最为迫切的一项任务。作为学校，要把感恩教育作为突破口，全面提升学生道德素质，从而进一步提升素质教育质量和效率。

（1）教育学生感恩父母。父母给予孩子生命，抚养孩子成人，用毕生精力为孩子创造幸福美好的生活，学校要充分利用升旗、班会、板报、宣传栏、广播等形式对学生进行感恩父母教育，教育学生要以实际行动感谢父母，要做到“六心孝敬”，即讲礼貌、常问好，让父母舒心；少空谈，多帮忙，让父母省心。

学生要自主自强地生活，自己的事自己做。力所能及地做些家务，积极参加公益活动，让父母少一些辛劳；求上进，走正道，修身养性，言谈举止上养成良好习惯让父母宽心；勤学习，刻苦钻研，让父母放心。勤奋学习、刻苦钻研是中学生对父母孝心的突出表现，要好好学习，天天向上，具有真才实学；遇难事，多商量，让父母称心。

学生不管遇到什么样的烦心事、难事，都要和父母心平气和地交流沟通，最终找到妥善的解决方案，让父母少一份烦恼，多一份称心；遇矛盾，能宽容，让父母顺心。学生和父母产生矛盾时要多从父母的角度考虑问题，尽量宽容父母过分的爱心，在宽容中学会感恩，让父母顺心。

（2）教育学生感恩学校、老师和同学。学校是学生健康成长的摇篮，是学生生活和学习的地方，人非草木，孰能无情，学生应对学校充满感情，热爱学校，遵守学校的规章制度，爱护学校的一草一木。要具有较强的集体荣誉感，树立校荣我荣、校衰我耻的思想观念。

“师者，所以传道、授业、解惑也”，“一日为师，终身为父”。作为学生要感谢老师为人师表、行为世范；感谢老师谆谆教导、循循善诱；感谢老师辛勤劳动、无私奉献，让教师的情感始终和学生处在同一感情线上，形成共鸣，使学生学有榜样，逐步形成学习进步的内驱力。感谢同学，同学之间亲如兄弟姐妹，在共同的学习生活中互相帮助，互相关心，互相促进，共同进步，彼此感谢，关系和谐，感情融洽，更有利于各自健康愉快地成长。

（3）教育学生感恩社会。家庭幸福、学校发展、个人健康成长都是国家经济快速发展的一个缩影。学校要充分利用报告会、座谈会、讲座等多种形式，引导学生感受今天的幸福生活来之不易，树立正确的人生观、价值观和世界观，从而树立为中华民族的伟大复兴而努力读书的雄心壮志。

（4）学校要营造感恩教育的文化氛围。感恩文化是校园文化的一个组成部分，反映着学校感恩教育的理念、内涵和特色，学校德育与智育相统一的精神文化的总和，对全校师生起着导向、凝聚、激励和约束的作用，利于教学相长，有利于学生形成能动积极的学习动力机制。为此学校在加强校园文化建设中：

一是强化感恩文化氛围的营造，在校园广播、宣传栏、板报、校刊中开设感恩教育板块，充分利用校园的每面墙、每处景点、每一个宣传栏、每一块黑板，充分展示伟人、名家的成功足迹和感恩方面的名言警句等，让校园处处时时都能育人；

二是通过班会、课外活动、阅读课等途径向学生讲述为什么要感恩、怎样感恩的道理，使学生知道知恩图报是中华民族的传统美德，知恩与图报是每个人应遵循的基本道德准则，是做人的起码修养。使学生懂得我们每个人都应该对生活、亲人、师友、社会、祖国、人类、自然心存感激，使学生学会用恰当的方式给予报答；

三是感恩教育要以活动为载体，让学生从活动中体验感恩，并回归现实生活，从点滴做起。在生活中实践感恩，同时要求教师在教育过程中应做到“以理服人，以情感人，情理交融，感人心灵”，让学生在不知不觉中实现自我完善，最终回报生活，回报社会，回报父母、学校、老师和同学。

总之，感恩教育是学校德育教育中的重要组成部分，我们要紧紧抓住感恩教育不放松，长抓不懈，卓有成效地开展形式多样、内容丰富、效果明显的感恩教育，为培养学生良好的美德而努力！

## 4. 培养学生的感恩意识

受应试教育的影响，社会、学校、家长十分重视孩子的智力教育，而忽视了对孩子的人格教育。缺乏对孩子人格的正确引导教育，让智力教育与人格教育出现了倒挂现象，使得孩子无法树立正确的人生观与价值观。在他们的心里，分数才是自己惟一的追求，而对于有恩于自己的父母、师长，他们没有任何的感激之情。

孩子不懂得感恩，变得冷漠与自私，是家庭、学校、社会感恩文化长久缺失造成的，我们现在所缺失的正是感恩文化，如今我们要找回它们，不仅要从学前教育开始，通过情感心理的发展和培养逐步潜移默化，更需要家庭、学校、社会的多方的努力，重新建立良好的文化氛围。因为，只有让学生对社会、对环境及周围的人心存感激，他才能幸福愉快，才能主动帮助需要帮助的人，才能在遇到困难时得到更多的帮助，从而走出大写的人生之路。

作为学校，应该反思当前的教育方式，明白亲情的流失与亲情教育的失位，与学生的感恩思想有着不可分割的关系。作为教师应加强对学生进行亲情教育和感恩意识的培养。

（1）培育感恩意识。利用晨会、班会课等形式讲亲情的理论知识，最起码让学生认识到做人的基本道理。父母养育了我们，给了我们优越生活，给我们创造了受教育的条件，在我们的身上花费了巨大的心血。要使他们理解父母养育自己的艰辛，对自己的关爱，要引导他们学会感恩。

有一个老鼠的故事：一只腿部长有肿瘤的母老鼠怀孕了，并且将要生了，虽然它的腿部再也无法支撑它去觅食了，当它生下了小老鼠后，为了能让小老鼠度过49天的哺乳期，这位伟大的母亲忍着疼痛去撕咬那患病的腿。每一次撕咬就会疼痛得面目狰狞，但是它坚持了下来。当它的腿部只剩下骨头时，它的孩子都度过了哺乳期，这位英雄的妈妈就倒下了再也没有能爬起来。在我讲到一半的时候，有几位女同学手在不自觉地卷着自己的衣角，到后来教室里有人在低声的呜咽了。鸦有反哺之恩，羊有跪乳之义，鸟兽都能如此，何况人呢？父母的养育之恩当涌泉相报。使学生知道，一个人如果对自己的父母都不能感恩的话，又怎能对他人、社会感恩？如果连父母都不爱，又怎能爱他人、爱祖国？

（2）进行亲情熏陶。“德育无闲人，人人都育人。”教师应该在教学中努力挖掘教材中的人文教学资源，找到切入点，在教学中不断渗透亲情教育。特别是语文教师，语文教材里有许多文质兼美的亲情赞歌，应引导学生好好赏析，进行亲情熏陶，激发他们的人生感悟，我在平时的教学中非常注意做到这一点。

如《钓鱼的启示》中给儿子道德力量的父亲，《地震中的父与子》等，都是进行亲情熏陶的好教材。同时我还针对学生普遍存在的因虚荣心作祟而嫌弃父母贫穷的现象，让学生对照文本谈谈自己对父母的态度，使学生的心灵受到一次亲情的洗礼。其次，推荐、引导学生阅读包含亲情感恩内容的作品。其作用往往胜过老师的空洞说教。

（3）实施感恩行动。学校的感恩教育不能只停留在理论上，更要落实在行动中。学校可从以下活动让学生体验父母对子女无微不至的爱，并用力所能及的方式回报。

①作亲情观察。我让学生做生活的有心人，认真发现父母对子女的爱，如：每天早晨的催床，自己生病时的呵护，自己失败时的鼓励等无不体现父母的爱。父母饱经风霜的脸，日益增多的白发，

渐变粗糙的双手，不再挺拔的身躯，无不是为子女付出的见证。让学生仔细观察这些，并要求记下来或写感受。这将会使学生体会到亲人乃至人间的温暖，激发他们的感恩情感，使他们以饱满的热情投入到学习和生活中去。

②作亲情沟通。父母与子女产生代沟，很大程度上是两者缺少沟通，教师应有目的地让学生主动与父母沟通。了解父母的生日，父母的童年，父母的工作情况，父母的爱好等。了解在自己的成长历程中父母所做的事，体会父母对子女的良苦用心。

③作亲情体验。子女不理解父母，是因为孩子根本不了解父母到底为子女付出了多少，学校要让学生抽机会和父母互换角色，如：最近我校就组织大家进行一次“今天我当家”活动，让学生代替父母考虑一天的油盐柴米问题和家务安排，使学生真正明白：“一粥一饭，当思来之不易”。使其体会父母持家之不易，真正体会到父母之恩深似海。

④作亲情回报。“谁言寸草心，报得三春晖”。父母的爱，孩子是永远报答不了的，但可以为父母做力所能及的实实在在的事，作为对父母亲情的点滴回报。

如：在父母下班回家时帮他们拿鞋子，倒杯热气腾腾的茶；在他们累时为他们揉揉肩捶捶背；大人在烧菜时，及时地送上碗碟等。另外，让学生明白，取得优异成绩是给父母最好的回报。亲情教育是教师、家长和学生之间的互动，缺乏任何一方的努力都会导致亲情的走样或变异，因此学校的亲情教育应该和家庭教育配合起来，争取家长的配合才能取得最佳效果。另外，对学校布置的亲情作业，教师要与家长及时联系，检查学生的完成情况，家长的满意程度，从而使亲情教育落到实处。

从以上事例中学生感悟到，积累亲情并不在于轰轰烈烈，关爱父母要体现在平时的一言一行中，应该从小事做起，从现在做起。

这也是我们所希望的。

## 5. 对学生进行感恩教育的重要性

中国是个历史悠久的礼仪之邦。在源远流长、博大精深的中华文化文明中，“孝”为百行之首，是一切道德的基础、至善的美德。我国拥有深厚的“孝”文化的底蕴。《诗经》上有一句“哀哀父母，生我劬劳”，感叹和赞美了父母的养育之恩。唐朝孟郊诗云：“谁言寸草心，报得三春晖。”更是表达了对孝敬父母的渴望。而“祭而丰不如养之厚，悔之晚何若谨于前”的古训，则督促后辈履行对父母的赡养和孝敬。因此，加强未成年人思想道德建设，开展爱国主义教育，就应该以实践活动为载体，以学生自主探究为主线，以孝敬父母为突破口，对学生进行“感恩”教育，让学生学孝、知孝、行孝。

当前，大多数独生子女有一个通病：孝敬父母和长辈的意识越来越淡薄。他们只知道向父母索取关爱，却不愿或不懂得回报。现实中，随着独生子女家庭的普及，人们传统观念中那种“养儿防老”的意识逐渐淡化，家庭教育中的问题随之也越来越明显最突出的表现就是不图回报的溺爱过度。今天的孩子在社会、学校以及家里都充分享受着无忧无虑的美好生活，这种客观上的优越生存环境，在一定程度上强化了孩子的自私、贪婪，以及非人性意识，但主要原因还不在于优越生存环境的本身，而在于家长、老师的主观意识和教育行为，在于对“蜜罐”里长大的孩子，所采取关爱备至的养育态度。

“滴水之恩，涌泉相报”历来是我们中华民族的优良传统，当这种传统美德正面临丢弃的严重局面时，我认为社会上每一个有责任感的人都有义务和责任去思考这样一个问题：那就是如何教育好我们的下一代重新回归我们中华民族的美德，如何让学生们学会“理解”和“感恩”？

明确“感恩”教育的重要性

随着改革开放的不断深入，人民的生活水平好比芝麻开花节节高。然而由于生活水平的提高，平均寿命的延长，老年人日趋倍增。“他们的生活、身体状况如何呢？请班中的学生担任小记者，对自己的爷爷、奶奶或外公、外婆，或者邻居老公公、老婆婆等进行采访，特别要询问老年人是否有受到冷落、虐待、遗弃等不孝的情况。让学生自由选择对象，自主发问，真实记录情况。了解以下这些情况：

1. 你家的老人（爷爷奶奶或外公外婆）和你们住一起吗？若不是，他们住在哪？

2. 老人的房间里有彩电看吗？有冰箱、空调用吗？若没有，那是什么原因？

3. 年老体弱，有的已失去劳动力，由于历史的原因，他们本身无养老保险费，晚辈给他们赡养费、医疗费吗？

4. 当老人生病卧床不起时，晚辈会带他们去医治吗？会有人去护理吗？

5. 老人在家里经常有不开心的事情吗？这是为什么呢？

6. 你是怎样对待爸爸、妈妈或爷爷、奶奶等长辈的，有什么不孝之言行吗？

7. 假如你老了，处于一种被冷落、遗弃的处境，你的感受将会是怎样的呢？

……

让学生带着问题走进生活，走向社会，身临其境，去探索问题的奥秘，去探求问题的核心与主题，去亲身感受那些不幸的老年人的滋味。经学生的采访调查，晚辈对老人的一些“不孝之举”令人深思、催人警醒。这一幕幕真实事例的采访，使学生的心灵受到一次次震撼。可见，“感恩”教育是何等的重要啊！

### 领略“感恩”教育的时代内涵

小学生年龄小，对道德的认识、理解，光凭课堂上单纯、空洞的说教，那只能是徒劳无益。为此，我们要根据学生的生活实际、兴趣爱好和个性特征，在上好“感恩”教育课、开展好“感恩”教育主题班队活动的基础上，让学生走出课堂，走进生活，开展搜寻活动，进行心灵对话，从而去获取与“感恩”有关的知识。

（1）与父母对话。学生爱听故事是天性，请父母讲述前辈孝敬的故事，从纯朴的语言中去领略“感恩”的内涵。

（2）与教师对话。明确“感恩”的传统美德与时代特征，知道应该弘扬什么，摒弃什么。

（3）与同伴对话。各自交流生活中是如何孝敬长辈的故事，了解“感恩”在彼此生活中的真实写照。

（4）与书本对话。请学生走进图书馆、阅览室，通过查阅圈划、摘录笔记等形式来知晓前辈“感恩”的动人事迹。

（5）与电台对话。经过声讯，认识“感恩”的含义、内容与方式。

（6）与网络对话。学生对网络爱不释手，引领他们进入教育信息网络，搜寻、了解新时代赋予“感恩”的新的含义。

……

通过这些活动，让学生从具体的情景中、典型的事例中去感知理解“感恩”的时代内涵，懂得“感恩”的内容与方式，从而使学生真正领悟到“感恩”是中华传统的美德，是当代小学生必备的道德素质。

### 参与“感恩”教育的实践活动

环境是无声的教育，对学生起到潜移默化的作用。为此，我们必须创设以“感恩”为主题的校园氛围，让学生在充满“感恩”的环境中得到陶醉，心灵得到震撼。因而，根据班级学生的个性、特长、活动方式，让学生自由组合成几个小组，根据搜寻的有关“感恩”的信息，进行艺术创作，并进行展示。

（1）讲述“感恩”的故事。在班中开展以“感恩”为主题的故事会，让学生用优雅动听的童声，丰富的肢体语言进行演讲，以此来弘扬中华民族的传统美德。使学生们认识到“孝心、爱心”是“立人之本”，“人伦之本”，是一切德行之源，是中华伦理持续发展的内在基因，是中华文化之特色。

（2）创办“感恩”的小报。用新颖的排版、立意显明的内容，定期出刊有关“感恩”个案的所见所闻，使学生亲眼目睹“孝星”的形象，从而得到感染。

（3）设计“感恩”的广告。用既真实、生动，又讽趣、幽默的画面去感染学生。

（4）编排“感恩”的节目。让学生自编、自导、自演小品、相声、课本剧、歌舞等，将文化艺术融入“感恩”活动中，让学生身临其境，犹如亲身感受一般，从中得到熏陶。

……

营造浓厚的氛围，让学生在不同的场景，各自的形式施展才华，使“感恩”教育开展得有声有色，进一步激发学生“学孝、知孝、行孝”的热情，使学生以主人翁的姿态参与到“感恩”的活动中去，去亲身体验，去感悟人生，去领悟真理。

体验“感恩教育”的真实情感

开展活动之前，对本班学生在家中的表现，进行一次调查，内容是：

（1）知道父母生日

（2）只知道其中一人的

(3) 经常做家务

(4) 偶尔做

(5) 在家经常使用礼貌用语的

(6) 偶尔使用的

通过调查，学生认为长辈也像他们那样生活优越，也许比他们还更舒适，根本体会不到父母、爷爷奶奶等长辈的艰辛。鼓励学生亲自去体验一下自己父母生活的甜、酸、苦、辣，希望他们能从内心深处碰撞出“感恩”的火花，激发出“感恩”的真实情感。

(1) 结合节日，开展活动

①如国际“三八”节、母亲节、父亲节、端午节、重阳节、教师节……这些节日都是对学生进行传统道德教育的良好素材。在庆祝今年的“三八妇女节”时，开展“感谢妈妈”的活动。活动中，孩子给妈妈的一句关心体贴的问候，一杯饱含真情的热茶，一张感人至深的贺卡，无不演绎着人间亲情的温暖。

②“九月十日”教师节，师生之间一次坦诚的交流，一句真心的话语，一件特别的礼物（自制的，作业本、小作品等）都在述说着人间至纯的真情和传承着中华传统美德。

(2) 学做父母，体验辛劳

①妈妈十月怀胎后才把我们生下来，那是什么滋味呢？我们用一定质量的米袋（等同于刚出生小孩的质量）绑在自己的腹部行走、扫地、读书、写字……感受一下母亲的辛苦。

②冬天洗衣、洗菜等洗理活动。“寒风呼呼地刮着，当我的手浸入0℃以下冰冷的水中时，犹如刀绞一般，冻得直痛心头，实在难熬。”小古说，“难怪妈妈一到冬天，满手都是冻疮。有时口子裂开还流血……”

③夏天高温，参加户外劳动。“今天好热，室内气温高达40℃，室外甚至超过了50℃。这样的天气，作为农民出身的爸爸、爷爷还

要下田插秧、除草、施肥、防虫治病。午餐后，我也赤着脚跟着他们一起去插秧。一踏进滚烫的水田时，我的脚马上缩了回来，差点被烫伤了，连活也不干！我看到爸爸和爷爷额头的汗珠像黄豆似的不停地落下来……直到今天我才真正体会到了父母干农活的疾苦，他们真是好辛苦呀！”

……

这些亲身体验的活动，使学生们真实的感知，深深体会到父母的伟大与艰辛，从而将“感恩”内化为心灵深处的情感，并且从内心深处迸发出孝敬父母的情怀与欲望！

实现“感恩”教育的知行合一

学生的品德往往是通过言行加以体现，而光说不做也达不到预期的目标。因而必须做到知行合一，让学生在具体的真实的生活环境中去活动、去冲突、去体验、去逐渐形成正确的道德认识和良好的行为模式，让他们在“亲近自然、融入社会和认识自我”的实践活动中获取道德的发展。为此，请学生围绕与“感恩”主题有关的以下几个方面自主地、真诚地、卓有成效地开展实践活动：

（1）经常问候，让父母舒心。古人云：“言为心声。”语言是一个人内在思想、情感的外在体现。作为学生，晚辈对父母长辈如何表达才称得上是尊重、有礼。俗话说：“良言一句三冬暖，恶语伤人六月寒。”为此，鼓励学生坚持开展家庭“感恩”活动，经常对父母说说体贴或感激的话——“爸爸、妈妈，你们辛苦了！”经常给爸爸、妈妈写一封信，交流思想感情；经常为爸爸、妈妈等长辈制作“感恩”卡——例如：生日卡、节日卡等，写上一句祝福的话。

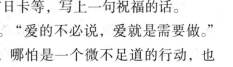

（2）少说多做，让父母省心。“爱的不必说，爱就是需要做。”一个孝敬父母，尊敬长辈的行动，哪怕是一个微不足道的行动，也比那些美丽动听的浮泛语言强千百倍。因而，在生活中学生力求自强自立，在双休日想方设法帮父母做些力所能及的家务事，扫地、洗碗、拖地板、烧饭、做菜等；多为父母做一些侍奉性的事——例如：为父母捶捶背、洗洗脚、擦擦汗等，尽自己的一份“孝”心。

(3) 诚实守信，让父母放心。陶行知先生曾说：“教人求真，学做真人。”从某种意义上说“学做人”是小学生一生的头等大事。如果一个人无论做啥事，总让人担惊受怕，不是违纪违法、打架坏事，就是不遵守社会公德，给父母带来耻辱，这样的人，即使他有孝心，也不能使自己的父母在精神上得到慰藉，甚至整天让父母提心吊胆，不放心。为此，我在班级里开展了“文明习惯的养成教育”，将《新三字经》印发给每位学生，让他们边学边做，强化品行的培养，力求使学生形成人人争做诚实守信、积极上进、举止文明“孝星”的良好氛围，争做真正让父母满意、放心的好孩子的良好氛围。

(4) 勤奋上进，让父母开心。为人子者，要让父母真正感受到你的一份孝心，还必须有真才实学，掌握日后自立于社会，在工作岗位上建功立业的过硬的本领。有了这些本领，才能得到社会的承认，并对人类社会作出贡献。只有这样，才会使父母感到无比的骄傲和自豪，父母的脸上才会露出发自内心的笑容。

(5) 虚心好学，让父母称心。常言道：“天下最慈父母心。”天下的父母大都十分疼爱自己的子女，加上父母社会阅历和生活经验比较丰富，一般情况下他们的意见都有一定的道理。当学生们遇到大事难事都主动与父母商量，多向父母学习，并尽可能尊重父母的意见。这样，既显示出学生的一片孝心，又不失自己的人格。

(6) 宽容豁达，让父母顺心。世界是多情的：爱情、友情、亲子之情、手足之情；世界又是复杂的：矛盾无处不在，生活在不同时代的两代人也有矛盾。面对矛盾，作为新时代的青少年学生应该以积极的态度，想方设法去化解。“唠叨”是父辈的通病，我们常以理解和宽容的态度对待父母的唠叨，在父辈的唠叨中，取其所长，为我所用，尽力维护父母的感情与尊严，消除其“代沟”。

（7）真诚坦荡，谏父母真心。对父母的感恩，并不是盲目服从或迁就父母的过错。引导学生从身边小事做起，克服自己的依赖性，能勇敢地脱离父母的翅膀庇护，克服懦弱行为，又不能为了所谓的“感恩”昧着良心，甚至帮你父母瞒坏事，干坏事。“孝星”旭丽父亲曾一度酗酒成性，不但使工作效率一度下滑，而且还影响了家庭和睦。自小就很懂事的她，眼看父亲一天天堕落下去，心里非常痛苦。为了挽救父亲，她一边认真读书，一边不断趁父亲清醒时和他谈心，还坚持劝他戒酒。日复一日，终于使其父醒悟，改掉了恶习。

在实践活动中，教育学生既要重视过程的探究，又要把实践活动过程完整的记载下来，作为“感恩”笔记。与此同时，通过实践活动，旨在帮助学生们养成良好的孝敬行为习惯，并做到持之以恒，使中华传统美德得以发扬光大。

（8）持之以恒，使父母安心。为了弘扬中华传统美德，使“感恩”活动蔚然成风。一方面根据《感恩实践细则》对学生的“感恩”行为进行自评、互评、家长评。最终评出“感恩标兵”，使之学有方向。另一方面，以此为契机，以点带面，开展更扎实有效的感恩活动，并把“感恩”的真情实感由父母推广到邻居、乡亲、师长、同事以及全社会成员，使“感恩”的中华传统美德超越家庭，使我们生活着的社会主义将变成一个充满爱心的温暖的大家庭。学生根据已拟定的“感恩”主题开展具有深度、广度的系列实践探究活动。

（1）“感恩”迁移到尊师爱生上。开展“爱心在涌动”学雷锋助学活动、“爱心捐款”活动，师生为贫困学生计捐款，为家境贫困的学生解难排忧，使他们能在校安心读书。开展野外“感恩”活动，学生自带餐具、自购菜肴，自己搭灶，亲手烧饭做菜，为教师献上一顿丰盛的野外午餐，教师们吃在嘴里，美在心里。

（2）“感恩”迁移到爱班爱校上。学生自发组织“护绿”小队，“清洁”小队，“维护秩序”支援队，助学“解困”救急队……每天都有学生活跃在校园各个执勤岗位上，礼貌示范，文明督察，卫生保洁。

（3）“感恩”迁移到爱社会上。开展“队旗在我心中”的文明新风活动，少先队员的身影活跃在社区里、敬老院、幼儿园等地，他们为孤寡老人送温暖，为小朋友带去快乐；课余时间往返于街道，扫地、清除非法广告纸，扶老携动，礼貌示范。开展“争做环保的小卫士”、“绿色购物”等环境保护的活动……通过开展这些活动，希望能增强学生的社会责任感和爱社会、为社会尽义务的情怀。

（4）“感恩”迁移到爱党爱国上。结合学校大队部开辟的爱国主义教育阵地，举办了一系列爱国主义教育活动，例如：进行清明节烈士扫墓、百分百爱国征文活动、春游观光活动等等，让学生懂得一个连自己父母、自己家长都爱不起来的人谈何爱国，一个有拳拳爱国心的人，必定有浓浓的爱乡情、爱父母心。“爱党爱国”情感并不是抽象的，她是十分具体的：立足本岗，建功立业，奉献社会，就是对父母最大的“感恩”，也才是真正的“爱党爱国”。

根据“感恩”这个主题，围绕上述四个层次开展“学会关爱”、“感受被爱”、“爱心基金”、“为贫困学生解困救急”、“为孤寡老人送温暖”、“节日为师生送贺卡”、“感恩读书征文”、“感恩成果展示”等活动，并进行有针对性的实践与探索，使“感恩”活动成为学生的自觉行动，并内化学生的品质，真正做到“一日学孝，终生行孝”。

目前，我们有幸地看到：上海市将对当前百万中小学生实施“感恩教育”，以培育校园的“感恩文化”。多么渴望这股“感恩”的心灵春风吹遍神州大地，让我们数以亿万计的芸芸后生们可能蒙尘的心灵得到净化与涤荡，使你们真正认识到“感恩”之举在人生与生活中是占着多么崇高又多么神圣的位置。曾听过一首歌，歌名就叫《感恩的心》。其中有这样的一句歌词让我特别感动：感恩的心，感谢有你，伴我一生，让我有勇气做我自己；感恩的心，感谢命运，花开花落我依然会珍惜！让我们在教给孩子所有技能的同时，也教会他们唱这样一首歌，让他们学会感动，学会感恩，学会爱与被爱！

让你们学会“感恩”就是知晓“送人玫瑰，手留余香”蕴含的处事哲学；让你们领悟“感恩”就是领悟“只有心怀感恩，才能滋润生命”的人生真谛；让你们学会“感恩”就是让他们体会到只要心中装着爱就会使这个世界充满爱，让你们学会“感恩”就是学会施予世界一点恩赐而感受到世界将施予他们更多的恩泽。与之相反，也应该让你们懂得：一个丧失“感恩”之情的人，他的人生就会一片苍白，一个丧失“感恩”的社会，世界将变得光怪陆离，一个丧失“感恩”的民族，他们的祖国必将危在旦夕！

## 6. 实施感恩教育的策略

“感恩”不仅是道德情感的基础，更是道德构建的内在心理机制和底线。班主任在班级管理中通过有目的地培养学生的感恩意识，既是培养良好班风、学风的手段，同时，也是实施德育教育的一种有效途径。因为，感恩是学会做人的支点。

古人云：“施人慎勿念，受施慎勿忘。”可见，前辈就告诫人们要拥有一颗感恩的心。但让我们再看看目前那些“被爱”得渐趋冷漠与麻木的孩子，他们大多对己不负责，对事不关心，对人不感恩，缺乏感恩之心好像成了当代年轻人的通病。但“感恩”是每个人应该具备基本的做人准则和道德情感基础，也是道德构建的内在心理机制和底线。因此，在班级管理中去培养学生的感恩意识，对于培养学生健全的人格和增强德育教育的实效性都是非常必要的。

什么是感恩

感恩，就是对他人、社会或自然界给予自己带来的恩惠和方便产生认可并意欲回馈的一种认识、一种情怀和行动。感恩是一种生活态度，是一种品德，是责任也是义务。感恩教育，则是教育者运用一定的教育方法与手段，通过一定的教育内容对他人实施识恩、知恩、报恩和施恩的人文教育。

目前中学生感恩意识缺失的现状及补救的必要性

（1）中学生感恩意识缺失的现状。由于家庭教育及学校教育存在不少不当之处，再加上受社会不良风气的影响，如今道德滑坡的现状的确是触目惊心。中学生知恩、感恩、报恩的意识日趋退化，甚至完全丧失，由此引发的一系列不良后果，这些不得不引起我们的关注和深思。

①不懂得珍惜父母养育之恩。中国的父母在孩子身上所花费的心血可称得上是世界一流，可从孩子身上所得到的却恰恰相反。《父母世界》杂志曾刊登过一项中学生心目中“最受尊敬的人是谁?”的问卷调查，调查对象分别是日本、美国和中国大陆的中学生。统计结果是：日本学生回答“最尊敬的人”中列前三位的是：父亲、母亲、坂本龙马；美国中学生回答的列前三位的是：父亲、乔丹、母亲；而12000名中国学生所回答的是：父亲列第十位，母亲列第十一位。中国自古提倡“孝道”，而如今且不说孝道，就连最起码的尊敬也得不到，这不能不说是身为中国父母者的悲哀。

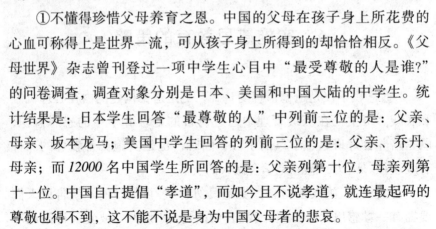

广州《岭南少年报》曾以“什么事使我最感动?”为话题进行过调查，结果54%的学生认为自己是一个不容易被感动的人或不知道什么是感动。是的，现实生活也确实证实了这一点。前苏联伟大的教育家高尔基曾说过："谁爱孩子，孩子就爱他。"可在今天看来，事实并非如此。在当今的学校里，师爱似乎陷入了一种尴尬的境地。今天的孩子们不仅对师爱、父爱和母爱表现出冷漠与麻木，同样对来自社会其他方面的关爱之情所流露出的冷漠，更让人感到心寒与汗颜。

据《辽宁晚报》报道，沈阳市区的韩磊为救一落水青年，不顾安危跳入河中，奋力将落水者托出了水面，而韩磊本人却由于精疲力尽被大浪卷走了。就他在水中挣扎时，被救者却头也不回地离去了。重庆市94岁的李学林夫妻两个生活极为艰苦，但30年来，他们先后共收养了49位弃婴，但时至今日，没有一位孩子回来看过恩人。歌手丛飞就在他家财散尽，身患癌症，躺在病床上时，依然收到了一个又一个的催款电话。

②自私冷漠、缺乏责任感。由于多种原因造成了现在很多孩子普遍缺乏感恩意识，他们认为他们所得到的一切都是理所当然，对自己对别人缺乏最基本的责任感，由此也引发了一系列引人关注的社会问题，例如：自私、自利、厌学、冷漠霸道、沉迷网络、盲目攀比、对抗父母、对老人不孝不敬、犯罪率上升、自杀现象增多等等。事实上，这些问题已经到了不得不引起家庭、学校和社会去反省的地步。因为，它不仅影响了孩子们的健康成长和健全人格的形成，同时也给我们整个社会的发展埋下了隐患。

（2）分析现状，探究原因。针对中小学生感恩意识普遍淡薄的现状，这其中原因非常复杂，有主观方面的，也有客观方面的；有家庭教育方面的，也有学校教育制度方面的；还有现实社会中的负面影响，具体情况如下：

①家庭教育重"养"轻"教"。对于很多学生的自私、自利、冷漠霸道、不敬不孝，看起来"病"在孩子，而实际上"根"在家长。长期以来，很多家长已经习惯了付出，而且从不希望得到回报。

其实这是错误的，这种做法不仅误导了孩子，影响了孩子的健康成长与发展，也是家庭道德教育中的残缺。

作为父母，自己付出的爱只有让孩子知道，才能激起他们的爱心，引发内心深处的感恩情怀。更严重的是，很多家长不但没有教育孩子学会关心别人，甚至连孩子自己关心自己的权利也被剥夺了，结果造成了孩子连自己都不会关心，更不用说去关心别人。

此外，很多家长只关心孩子的健康和学习，却很少去关心孩子的人格发展和情感素质，根本谈不上引导孩子去感恩别人和回报社会了。更让人感到遗憾的是，很多家长不但没有给孩子树立起一个好的榜样，就连孩子有时刚刚萌发的一些感恩别人的想法和念头，也会遭到父母无端的训斥和打击，孩子那颗原本纯真的感恩之心，就这样被无情地扼杀了。常言说，民风、世风皆源于家风，希望家长都能正确地引导孩子，不但“养”，还要“教”，更要“育”。

②学校重智育轻德育。由于教育制度及评价体系的不健全，学校只注重对学生知识技能的培养，而忽视了情感和人文素质的教育。因此，到今天为止，学校、教师及学生仍没有真正的从思想上、从实际行动上重视德育工作，更谈不上重视感恩教育了。

正如校园里传言所云：“德育工作，说起来重要，做起来次要。”而且，从目前德育工作的方法上看也明显落后，内容单一，手段呆板，教师说教师的，学生做学生的，德育实际上成了一种“空”对“空”的说教活动，育人工作更难落到实处。又由于目标往往过于高远，与现实反差太大，缺乏稳定性、系统性和持久性，学生也失去了追求的信心和勇气。因此，也可以说，教育者没能正确地在孩子身上撒下感恩的种子。

③现实生活中缺乏学习的榜样。对年幼的中学生来说，“感恩”意识的形成，不可能仅仅从书本上学到，还需要从成人社会中去耳濡目染，感受效仿。这就是说必须用成人社会的“感恩”行为，不

断地对他们进行潜移默化的影响和熏陶，从而让孩子们萌发感恩意识，产生感恩的情感，解决内心矛盾，最终能自觉地形成较为稳定的感恩习惯和动机。但我们只要反思一下今天的社会就不难发现，当前的社会的确太缺乏感恩的土壤了。

对孩子们来说，要真正寻觅一个感恩的榜样，也实在是太难。因此，我们要求学生学会感恩，首先要解决可供学生“学”的对象问题，也就是说，成人必须做好榜样，主动为孩子做出向美、向善的表率。

实施培养感恩意识的策略及成效

感恩是道德情感的基础和社会文明进步的体现，但面对这些责任感淡化的孩子们，我们该如何去培养他们的感恩意识呢？

（1）巧用案例，感化人心。常言道：“榜样的力量是无穷的”，事实也确实证明了这一点。我们生活在这个世界上，时时接受着社会的“恩赐”，父母的养育，师生的教诲，朋友的关怀，大自然的慷慨赐予等等，但我们对于来自各个方方面面的“恩惠”和“帮助”早已麻木不仁，熟视无睹了，似乎我们得到的一切都是理所当然的，我们很少为发生在我们身边的事例感动，其实，在我们生活中，有很多人和事不能不让我们感动。

事例一：心存感恩的湖南男孩儿黄舸。他7岁时被检查出患有“先天性肌肉萎缩”，医生预言他的生命周期只有十八岁。可这位坚强的孩子并没有被病魔吓倒，而是决定在有生之年，赶在生命的尽头，去寻找那些曾经帮助过或鼓励过自己的恩人，并当面说声谢谢。于是，自2003年起，这位坐在轮椅上四肢无力、每天都在和死神赛跑的14岁孩子和他父亲一起便踏上了漫长而又艰辛的感恩之旅。他们花费3年多时间，行程1．3万多公里，终于找到了30多位恩人。

事例二：把时间献给孩子的丛飞。1994年，当他处于最困难时，一位好心的女孩拿出600元钱让他参加歌手大赛，可后来再也找不到这位好心人，也无从报答她。此后，丛飞便决定用感恩的心来回报社会。他热心公益事业，11年来为社会公益演出400多场，义工服务时间6000多小时，资助贫困学生178人，捐款300多万元，并亲自6次到贵州贫困地区为孩子们送去学费。可就在他倒在赈灾义演舞台上被医院诊断出已经是胃癌晚期时，可作为一位有名的歌手，却拿不出住院的医疗费！就在他住院期间，又把大家捐给他治病的钱从中拿出3个疗程的化疗费用2万元，捐给了贵州贫困山区。

人们常说，现在的孩子是不容易被感动的，事实上也并非如此，只不过是我们没有找准切入点而已。上面两个事例，还没讲完，教师里就已经鸦雀无声，当讲完时，教室里已是一片哭泣声。看到当时的场景，笔者确实无比感动。然后对他们说：“看来我们都是有感情的人，大家能不能就这两件事谈谈自己的感受呢？”话声刚落，好多学生举起手，他们的话语中都对自己过去那种自私、冷漠和霸道的行为感到愧疚和自责，接下来一段时间笔者收到很多学生对自己行为进行反思的信件，这次班会课的确触动了他们的内心世界。笔者认为，作为班主任，只要平时多观察、多留心、多收集，肯定会找到无数打动人心的感恩事例。只要有目的、有计划、有步骤、找准时机对学生进行教育，在长期的潜移默化中肯定会起到积极的作用。

（2）知荣明耻，感恩父母。由于家庭教育中存在着施恩不图报的思想，“孝敬父母、感恩父母”这一传统的美德也在不断地被弱化。但作为班主任，无论如何也要让学生明白这个道理：一个不孝敬父母、不感恩父母的人是可耻的。

①认真算帐，触动心灵。针对目前这些对自己、对家人、对社会责任感淡化的孩子们，如果再用那种抽象、空洞的说教来进行感恩教育，结果显然是空而无力，很难触动他们的内心深处。

可以通过算帐感恩的方式来进行教育，利用班会课，让学生们算一算这些数字，想一想这些问题，例如：自己在母亲体内生存了多少天？这期间母亲容易吗？出生后又在父母的怀抱中度过了多少个日日夜夜？母亲为自己喂奶、喂饭有多少次？擦屎擦尿多少次？生病时父母辗转过多少家医院、度过多少个不眠之夜？自己家里一年有多少收入，花在自己身上的有多少？今后还需要多少？你做过多少让父母高兴的事和伤心的事？你向父母说过多少次感激的话？等等。这些看似简单的问题，他们不算不知道，一算真的吓一跳，等他们算好时，许多学生的眼圈儿都红了。

②深化感恩意识，体验真实情感。为了增强学生的感恩意识，对每一届初一新生，要连续召开几次关于感恩方面的主题班会，其主题内容可以多种多样，例如："心存感激，学会感恩"；"学会感恩，快乐做人"；"感恩于心，回报于行"等等；其形式可以灵活多变，例如：相互交流父母疼爱自己的感人经历；讲述"感恩"的故事；演讲比赛；感恩典型人物介绍；感恩影片、感恩歌曲欣赏；看看儿时照片，描述一下自己的成长过程；给父母写封信、做张贺卡等等。总之，通过班会活动，让学生感知父母的辛劳，树立感恩意识，增强责任感。

③家校互动，形成合力。培养孩子的感恩之心，既是学校的义务，也是家长的责任。如果家校能相互配合、相互支持，肯定会产生理想的效果。否则，都有可能产生 $5+2=0$ 或 $2+5=0$ 的可悲的结局。因为，家庭是美德的第一所学校，父母是孩子的第一任老师，家庭教育是孩子学会关心的基石，父母的行动会影响到孩子品格的形成和发展。

（3）感恩他人，回报社会。学生的感恩意识只停留在家人、父母身上还是不够的，这不是我们进行感恩教育的最终目的。我们一定要通过合适的途径和方法，及时地将他们的感恩意识迁移到爱别人、爱社会。

让他们到敬老院干些力所能及的活，聆听一下老人们当年艰辛的生活和工作经历，让他们知道，我们今天的幸福生活有老人们付出的辛劳和汗水，善待老人，是我们不可推卸的责任。

（4）学会感恩，升华人格。一个懂得感恩的人，往往是有谦虚之德、有敬畏之心的人，懂得感恩的人才能真正称得上一个高尚的人。其实，在很多时候，感恩并不在于回报了什么，而是在于自己与社会之间创造了一种互相影响的友善氛围，在肯定别人、回报别人的同时也升华了自己。

①感恩让人正直、坚强。一个人只有懂得感恩，才会懂得付出；懂得付出的人，生活才会有动力和责任感。例如：香港著名的成功商人李嘉诚，他之所以能始终百折不挠、自强不息，是因为他一直把“吃得苦中苦，来时报母恩”作为自己的座右铭。就这样，在经历了种种磨难之后，终于成为香港首富，同时也是一位出色的慈善家。

同样，甘肃省宁县16岁的孩子李勇背着父亲去上学的事迹，也感动了很多人。在这样艰难的条件下，他在全国初中化学竞赛中竟然获得了甘肃赛区一等奖，初中毕业考试又考出了全县第二的好成绩。“感恩”在帮助并快乐别人的同时也坚强了自己。“当你心存感恩时，生活也将赐予你灿烂的阳光”。

②感恩促使人格高尚。学会了感恩，就懂得将各种感激永铭于心，也会促使一个人产生责任感。一个不懂感恩的人，必定拥有的是一颗自私、冷酷、麻木而又绝情的心。看看当今的那些贪官污吏们，他们心中有几人能知晓感谢人民的养育与信任之恩。

同样，再看那部分腰缠万贯的煤矿业主们，他们不但不感恩国家的富民政策，竟然麻木得连为他们创造出巨额财富的工人的死活都不顾，当然他们也一个又一个沦为阶下囚。如果他们能有一点感恩之心的话，他们的人格和良知又何至于扭曲到这种程度！

培养孩子的感恩意识是非常必要的，它为德育教育提供了一个难得的契机和准确的切入点，同时，也为培养优良的班风、学风找到了一种可行的途径。通过实施感恩教育，学生的学习动力、行为习惯、自主能力、合作意识和道德情感均有明显提高。但培养学生的感恩意识需要一个循序渐进的过程，要让学生真正懂得识恩、感恩和报恩，作为班主任一定要多动脑筋、多想办法，持之以恒，只有这样才会收到理想的效果。

## 7. 多种渠道进行感恩教育活动

是年少不知父母恩，还是经历了世间的冷暖才懂得父母恩之重？多数学生认为长辈也像他们那样生活优越，也许比他们还更舒适，根本体会不到父母、爷爷奶奶等长辈的艰辛。

“谁言寸草心，报得三春晖”、“滴水之恩，当涌泉相报”，这样的诗词俗语传承着中华民族对感恩的认同和崇尚。感恩，是社会上每个人都应具有的基本道德准则，是做人的起码修养。然而，处在社会转型期，一些人的感恩意识在逐渐淡化，金钱和利益的权衡代替了人与人之间的真情相助和亲情关爱。正处心智发育期的孩子面对网络虚拟世界的诱惑，或生活在单亲家庭、隔代家庭，甚至是长期与父母分居的留守儿童，如果从小很少受到感谢父母养育之恩、感谢老师教导之恩、感谢自然恩赐之恩的教育，难免失去对感恩这一传统美德的认同。因此，感恩教育就像在孩子们幼小的心灵种花一样，是孩子身心健康成长不可或缺的一课，也是社会和谐的前奏。

开展感恩教育的前提是让孩子们认识到其必要性。现在许多孩子对父母长辈的爱已经习惯接受，理所当然地享受他们的照顾和无私奉献，从来没有想到如何去回报父母。开展感恩教育正是为让孩子们在享受父母关爱的同时，也能学会理解别人的付出，让他们把自己得到的深切的爱延续和传递，学会感恩，学会珍惜。

感恩教育首先是让学生对父母、师长、朋友心存感恩；其次是发现身边点滴的爱，懂得爱，让每天发生的琐碎小事变得亲切而感动；最后是学会给予爱、播种爱，懂得付出是报恩，让别人因自己的存在而快乐。利用每天的晨会和班会时间，宣讲身边典型的事例，同时重点利用节日为载体，推出主题感恩教育。

通过给学生讲述一些事例以及从网上查找一些感恩方面的资料，对学生进行教育。同时结合活动从文学与思维校本教材中选择了《背影、以小见大、悠悠寸草心》和《地震中的父子》等几篇文章，作为文学欣赏时进行品德教育的内容。环境是无声的教育，对学生起到潜移默化的作用。

创设以“感恩”为主题的班级氛围，让学生在充满“感恩”的环境中得到陶醉，心灵得到震撼。根据班级学生的个性、特长、活动方式，让学生自由组合成几个小组，根据搜寻的有关“感恩”的信息，进行艺术创作，并进行展示。

讲述“感恩”的故事。在班中开展以“感恩”为主题的故事会，让学生用优雅动听的童声，丰富的肢体语言进行演讲，以此来弘扬中华民族的传统美德。使学生们认识到“孝心、爱心”是“立人之本”，“人伦之本”，是一切德行之源，是中华伦理持续发展的内在基因，是中华文化之特色。

学生的品德往往是通过言行加以体现，而光说不做也是达不到预期的目标。因而必须做到知行合一，让学生在具体的真实的生活环境中去活动、去冲突、去体验、去逐渐形成正确的道德认识和良好的行为模式，让他们在“亲近自然、融入社会和认识自我”的实践活动中获取道德的发展。

为此，请学生围绕与“感恩”主题有关的以下几个方面自主地、真诚地、卓有成效地开展实践活动，鼓励孩子走出课堂，同时给学生布置“感恩作业”，在家中，如每天给父母、老师、同学一个问候，每周为父母做一件实事等。在社区里，以至上升到社会的大范围内进行感恩的自觉活动。隔一段时间，在班上进行感恩行为的交流。使学生由单纯的感激父母，转化为对社会的感恩，从而学会去关心和帮助别人。

让学生进行感恩活动是一个必要而有意义的活动，当然要想让学生的认识从单纯的点滴行动上升到对社会的感恩，还需要一定的过程。只能在不断摸索中，在与学生的交流和不断的磨合中，争取让学生的心灵获得最大的收获。

让我们的学生知道感恩，学会感恩，体味到“爱”的真谛，了解身边的人，感受社会的温暖，学会把得到的爱分给他人、回报社会。感恩是一种方式，感恩是一种境界。只有学会感恩才能得到别人的尊敬与爱戴。

以《中共中央国务院关于进一步加强和改进未成年人思想道德建设的若干意见》为指导，以县局《关于开展“感恩教育”系列活动的通知》为主线，以体验教育为基本途径，以感恩父母主题教育为突破口，结合未成年人年龄特点、认知水平，精心设计，组织开展内容鲜活、形式新颖、实践性强的“孝敬父母心存感恩”的系列教育活动，使孝敬升华为博爱。

通过“感恩”系列教育活动，教育学生如何孝敬父母、尊敬长辈，学会关心他人、知恩图报，学生树立了感恩之心，能够使学生对父母心存感恩，更使学生把这种爱化作了博爱，能够感恩帮助过自己的人，能够时时、事事、处处心存感恩，使家庭充满和谐、充满爱心、充满希望。

（1）从实践体验入手，开展父母感恩教育。利用国旗下讲话向学生进行全员发动，公布了感恩系列教育活动内容，利用广播向学生发出号召，要求根据不同年龄，从实际出发，从小事做起，在走读生中开展“每天一件家务事”活动，学校统一设计“家务登记卡”，要求学生每日及时登记，家长填写反馈意见，并据此评出“知恩少年”。

（2）从班会队会入手，开展感恩父母教育。根据不同年级，结合班级实际，召开不同主题的班队会，如低年级召开《我爱爸爸、妈妈》、中年级召开《感谢我的父母》，高年级召开《孝敬父母心存感恩》。

开展“六个一”活动，即：给父母端一杯茶，给父母洗一次脚，让父母满意自己的一次决定，给父母交一份科学合理的学习计划，用不同形式和父母交流一次感情。简单的6项活动，折射出了学生对家长的关心和感激。学生通过给父母端茶，与父母交流，给父母洗脚，从中受到了教育，知道了父母的辛苦，也深刻的体会到了要感谢父母，要为父母分担一些压力。

同时利用班会，让学生估算一笔养育账，讲述一件关爱事，会上学生们积极发言，畅谈自己在成长过程中父母所付出的艰辛和爱心，畅谈父母对自己的期望，学生们还纷纷献计献策，商讨如何感谢自己的父母。

（3）从读书收集资料入手，开展感恩父母教育。让学生收集名言、警句、书画、诗篇进行交流、熟读、背诵、理解，汲取传统美德之精华。同时根据学生的年龄特点精心选择一组亲情文章，认真组织开展亲情阅读，一篇篇感人至深的文章，使学生体会到了父母的伟大，领略了他人的感恩之心，以此来指导自己的行为。充分利用学习园地这一教育阵地，收集感恩故事、诗歌，并布置感恩园地，教育学生心存感恩、知恩图报。

（4）从学唱歌曲入手，开展感恩父母教育。首先音乐教师印好歌词，学生人手一张，让学生熟背歌词，然后学校利用广播、音乐课和大课间，教唱感恩歌曲。月底学校分年级评比出“先进班级”、“优秀校园小歌手”。

（5）从孤儿结对入手，开展感恩父母教育。对于无父无母，开展感恩父母教育活动，很容易引起他们的情绪波动，但是针对他们更要增强感恩意识，增强他们社会责任感，培养健康心态。从孤儿结对入手，向他们的“社会爸爸”、“社会妈妈”发出号召，同时教育学生要一样感谢“社会爸爸”、“社会妈妈”，感谢他们无私的付出、无私的关爱，从而达到培养育才学生心存感恩的教育目的。

（6）从组织活动入手，开展感恩父母教育。在校内开展活动：“感恩父母”诗文朗诵会、高年级“学会感恩”手抄报比赛、“感恩父母”征文比赛、“感恩父母”优秀活动方案评比等。通过系列“感恩教育”活动，精心培育学校“感恩文化”，使知恩图报的传统美德扎根于学生心灵深处。

（7）从品德社会课入手，进行感恩父母教育。重温亲情，课堂上通过学生交流各自名字的含义，有关名字的故事，体会父母对我们寄予的厚望，对我们一生的美好祝福，体会父母对子女满腔的爱心。出示一组家庭的照片，学生讲述他们成长过程中，他们遭遇疾病时和挫折时，父母对之做出的牺牲和付出的血汗。讲讲平时父母怎样关心我的生活，我的学习的事例。开展“感恩父母”的故事演讲会，诗歌朗诵会。出了一期感恩父母的小报。通过诗歌朗诵：《妈妈的爱》，舞蹈：《烛光里的妈妈》等形式来渲染情感，陶冶情操，感受到母爱的伟大。

（8）利用阅读欣赏课，进行体验母爱的熏陶。阅读欣赏课上，让他们阅读一系列有关母爱的故事：比如血奶等催人泪下的故事。配上动人的音乐，深情的讲述，说出了感动的原因，再次受到灵魂的洗礼，体会到母爱的神圣。

（9）在晨会班队课上，进行感恩教育。请学生讲述古今中外关心父母的故事。展示关爱父母，孝敬父母的名言警句。我要求学生说说父母最爱吃的菜，最喜欢的衣服，及他们的爱好和习惯。有很多学生说不上来，深感羞愧。父母的无私付出和我们回报的贫乏，在孩子的心里产生了剧烈的碰撞。告诉孩子们：无论精神上还是物质上都应该怀着一颗真诚的心去感恩父母，珍惜自己的至亲，父母的爱是那么的平凡，却又那么的动人，正如丁香花般的默默无闻，却沁人心脾。

(10) 在语文课堂中，渗透感恩父母的教育。在《第一次抱母亲》这篇课文中，让孩子走进文本，去深入了解一个山区母亲的生活的艰辛，肩上所担负的沉重担子。由课文中的母亲到自己的母亲，想想平时妈妈为我们做得哪些事最令你感动？父母给予我们这么多，我们该怎样回报父母的爱呢？

是啊！让孩子们学会感恩吧！“感恩”体现在生活的每一个细节中。让我们怀着一颗感恩的心，用平实的话语和实际行动表达出发自内心的谢意。学会感恩吧！让我们的生活永远充满关怀，充满真情，充满爱心，充满温馨！

## 8. 培养小学生的孝心感恩心

一个人从出生到离开人世，单纯的看，这就是一个“个体生命”的概念。但这是生命的全部内涵吗？答案当然是否定的，因为生命本来就不是孤立存在的。一个人的喜怒哀乐往往会感染他身边的人，尤其是他的父母。我们每一个人都是上有父母，下有儿女，身边有同事和朋友，这纵横交错的情感网，才是生命的真正内涵。“生命是一根链条”，每一个环节衔接不好都会给我们的人生造成遗憾。从小就开始培养一个孩子的良好品行，对孩子本人将来走向社会非常重要。那么，一个人究竟拥有哪些品质才会适应社会的发展，成就自己的人生呢？我认为，孝心和感恩心最为重要，这两点是学生接受教育的基石。

孝敬父母，感恩他人是我们中华民族的传统美德。先辈们给我们留下了很多关于孝心和感恩心的经典话语和故事，如“百善孝为先”，“孝子齐家全家乐，孝子治国万民安”“滴水之恩，涌泉相报”“曾子孝父”“孔融让梨”的故事，说的都是孝心和感恩心作为一种美德的重要。

每天放学的时候，在学校的门口都会聚集着大批接孩子的家长，有时甚至都堵塞了交通。看到这一幕的时候，也许很多父母都会说，孩子小就得天天接送啊，这是天经地义应该做的。但我是从另一个角度来看待这个问题的，每次在接孩子回家的路上，父母是否跟孩子这样的聊过：爸爸妈妈在像你这么小的时候，爷爷奶奶也是领着爸爸妈妈这样过马路的，现在爷爷奶奶年纪大了，过马路就需要我们来领了。在平时跟孩子交流的过程中，你要让孩子明白一个道理：孝心、感恩心是需要传递的，是需要回报的。当前，独生子女家庭教育问题日益突出，家庭辈份本末颠倒，本该孩子做的事情，全由父母代劳；本该受到晚辈孝敬的长辈们，反而成了“小字辈”，这是非常令人痛心的一个现象。

那么，如何培养孩子的孝心、感恩心呢？父母和老师的言传身教非常重要。一个人不是孤立存在的，都生活在一个情感网络里。如果把这个情感网络用数轴来表示，纵轴就代表着父母亲情，因为生命在延续；横轴就代表着同事和朋友的友情，因为我们每一个人都生活在人群中。而我们家长和老师需要做的，就是要用自己的言传身教去做好这个情感数轴中的每一件事情，做好孩子的榜样。

我们做父母和老师的，要把孝敬父母，感恩他人表现在自己平时的言谈举止上，用自己的行动去影响孩子，用自己的语言去感动孩子，给孩子起到一个表率作用。

(1) 教师应在平时的教学管理中做好学生的孝心和感恩心教育，唐代诗人韩愈在《师说》中写道：“师者，传道授业解惑也。”传道、授业、解惑这三者中，韩愈更强调的是“传道”，通俗的说，就是做人的道理。而小学阶段养成一个良好的品行，会直接影响孩子的一生，这已经得到了教育专家和社会的认可。

在小学阶段，教师应充分发挥教学管理中的主导优势，方向要正确，目标要明确，思路清晰，有的放矢，就会收到良好的教育效果。什么是方向要正确？目标要明确？就是将孩子的孝心、感恩心教育作为自己的一种责任，始终记在心上，挂在嘴上，适时的对学生进行孝心、感恩心教育，使学生真正的感知到孝心、感恩心的重要。什么是思路清晰，有的放矢呢？就是要掌握教育方式和方法，不讲大道理，通过身边事来感染学生。

具体地说，教师在课堂教学之外，无论是自习，还是班会，课间活动，教师要把了解到的同学之间的友爱事、关心同学的事，学生理解爸爸妈妈的事讲给全班同学听，教师也可以把自己在生活中的相关经历说给孩子们听，在班级形成良好的孝心、感恩心教育的氛围。

(2) 家庭教育对孩子性格的养成至关重要，学生的孝心、感恩心教育离不开家长的密切配合，只有家校共同努力，才能使学生树立良好的品格。在平时的家庭生活中，尤其是当着孩子的面，家长要经常回忆父母对自己的爱心往事，要经常带着孩子买上礼物去看望自己的父母。经常说一些同事朋友之间互帮互助的故事，不提人际关系中闹矛盾的事情。

我们首先要有这个教育意识，之后才能把对孩子孝心、感恩心的教育贯穿到生活中的每一个细节中。孩子在小学阶段的孝心、感恩心的表现是什么呢？孩子们自己的事情自己做，与同学友好相处最为重要！作为一个小学生，在家里，很多事情孩子都可以自己动手去做了，比方说，按时起床，自己动手整理床铺，不让父母费事；上学、回家自己背书包，不要别人代劳。可口的食物先让父母吃，夏天不忘给工作回家的父母端一杯水，冬天为熬夜劳作的父母暖热被子，上学时招呼一声“爸妈再见”，回家时问候一句“爸妈好”。

这些都可以作为孩子孝心的一种表现。试问，生活中有多少孩子做到了？也许孩子这样去做过，家长表扬过孩子的这些举动吗？孩子在学校受了批评、委屈，或者与同学之间闹起了矛盾，作家长的你们是如何教育的？

我们倒是经常听到很多家长和朋友对自己的孩子说，在学校谁要是欺负你，不要怕，跟他打，爸妈支持你。拳拳父母心，爱孩子是全天下父母的自觉行动，但溺爱不是爱，而是害了。因为它不利于孩子孝心、感恩心的培养。

实践证明，学生有了孝心，成长过程中就增添了一股无形动力。有了孝心的孩子，善恶分明，爱心深刻，富于感恩戴德。在生活中，一个懂得感恩的人，才会真正感觉到幸福，才会感觉到人生的美好。孝心、感恩心教育，使父母多了一些宽慰，使家庭多了一些欢笑。如果普天下的人都具有孝心、感恩心，社会将平添一份和谐。人生在世，有两件事情不能等，这两件事就是“孝顺”和“行善”。

## 9. 小学生“孝敬父母”的习惯培养

人生于世，长于世，缘于父母。父母给了我们生命，教给我们最基本的生活技能，辛勤养育之恩，终生难以回报。所以说孝敬父母，尊敬长辈，是做人的本分，是天经地义的美德。

近年来，我国已有5000多万独生子女，这一特殊历史条件产生的特殊群体，受到来自家庭的过分爱护与保护。越来越多的长辈把孩子捧为“小太阳”、“小公主”，这些“过度”的爱，使大部分孩子变的骄奢任性，缺乏自理能力，缺少理解心、孝敬心和责任心，他们不知父母工作之艰辛，不知父母的养育之恩，一些孩子认为父母为自己服务是应该的，饭来张口，衣来伸手也是顺理成章的。孩子的这些言行，使我们惊呼：现在该是猛醒的时候了，弘扬中华民族优秀的文化教育如果还不摆到议事日程，那么，我们现在培养出来的学生将会在素质方面大打折扣，难以接受21世纪的挑战。所以，我们应该让孩子从小就养成孝敬父母的好品德。

培养孩子养成孝敬父母的好习惯我个人认为要做到以下几点：

（1）孩子了解父母为他和家庭所付出的辛苦。要懂得体贴父母，中国古代有句话，叫作：“谨身节用，以养父母”，就是说，当子女的要节约一些，省俭一点，这样就能有充分的物力来赡养自己的父母。虽然，现在的父母绝大多数都不需要子女赡养，但需要子女对父母的体贴与理解。现在一些学生不顾家庭经济条件，电视广告上最新推出什么，他们就攀比着吃喝什么，什么最流行，他们就穿什么；什么最高档，他们便用什么。用父母的血汗钱为自己买面子，给同学点歌，庆贺生日party……一些工薪阶层的父母为了满足孩子的欲望只得勒紧裤带，那些亏损企业提前下岗的学生父母更是苦不堪言。那些孩子不知道父母工作情况，不知道父母的钱是怎样得来的，只知道向父母要钱买这买那，认为父母给孩子吃好、穿好、用好是天经地义的。这样的孩子怎么会从心底里孝敬父母呢？

为此，父母应当有意识地经常把自己在外工作和收入的情况告诉孩子，说得越具体越好，从而让孩子明白父母的钱得来不易。自然，孩子会逐渐珍惜自己的生活，也会从心底里产生对父母的感激和敬重。针对这一现象，可以让学生自己去参与体验。如“陪爸爸妈妈上一天班”、共建“文明新风点”、“儿童苗苗团”、“百工后代在行动”、“假日图书交流市场”等。让学生通过亲身实践，去体验感受“孝敬教育”。

（2）从小事训练培养孩子孝敬父母的行为习惯。教育子女孝敬父母的一般要求是：听从父母教导，关心父母健康，分担父母忧虑，参与家务劳动，不给父母添乱。要把这些要求变为孩子的实际行动，就应当从日常小事抓起。如关心家长健康方面：要求孩子每天要问候下班回家的父母亲；当父母劳累时，孩子应主动帮助或请父母休息一下；当父母外出时，孩子应提醒父母是否遗忘东西或注意天气变化；当父母有病时，孩子应主动照顾、多说宽慰话、替他们接待客人等。孩子应承担力所能及的家务劳动，哪怕是吃饭时摆筷子。

要激励学生多做家务，学会关心父母。现在的父母为了子女更专心于学业上的竞争、包揽了一切家务，以至于大多数学生“高分低能”，自理能力弱，有些学生习惯于父母对自己的悉心照顾，却很少关心整日为自己操劳的父母。为了促使学生将孝敬父母的道德观念转变为关心父母的道德行为，让“孝”与“敬”能真正落到实处，针对这点，可以让学生在家操行“一日规”，其中包括每天早起必须自己叠被，自己收拾房间，自己烧早餐。还有必须自己动手刷鞋、洗袜子和内衣裤。周末时间可以帮父母买菜，打扫家庭卫生。在暑假里，教师可以精心设计了假期作文题，如《我给妈妈当帮手》、《我学会了……》、《今天，自己也露一手》。目的在于让学生写自己亲手做的事、亲身经历与感受。根据孩子的年龄、能力、学习情况合理分配，具体指导，耐心训练，热情鼓励。这样不但有利于孩子养成家务劳动的习惯，也有利于孩子不断增强孝敬父母的观念：父母养育了我，我应为他们多做事。

（3）要以身作则，父母本人要做孝敬长辈的楷模。孩子对待父母的态度，直接受父母对待长辈态度的影响。

有一个故事是值得借鉴的，从前有一对中年夫妇对年迈的父母很不孝顺，他们把老人撵到一间破旧的小屋里居住，每顿饭用小木碗送一些不好吃的东西给老人。一天，他们看到自己的儿子在雕刻一块木头，就问孩子刻的是什么，孩子说："刻木碗，等你们年纪大时好用。"这对中年夫妇猛然醒悟，把自己的父母请回正屋同自己一起居住，扔掉了那只小木碗，拿出家里最好吃的东西给老人吃。小孩因此也转变了对他们的态度，从此一家三代和睦生活。可见，父母的榜样对孩子的影响有多大。现在中年夫妻冷落自己父母的情况还是存在的。有些中年夫妻不仅不照顾自己的父母，反而千方百计"刮"老人们的财物，这给自己孩子的影响更不好了。

因此，我们不仅要管好自己的小家庭，还要时刻不忘照顾年迈的父母，决不能添了孩子就忘了父母。如果说平时因居住地较远，工作较忙不能和老人朝夕相处，那么在休假日要尽量抽时间带上孩子去看望老人，帮老人做些家务，同老人共聚同乐，尽一份子女应尽的责任和义务。如此日长时久，孩子耳濡目染，潜移默化，也会逐渐养成尊敬长辈、孝敬父母的好习惯。

作为学生，我们目前一般还不具备经济能力，孝敬父母应主要体现在精神上。父母含辛茹苦供养我们读书，我们应认真学习，这是对父母最好的慰藉和报答，另外我们也可以多和父母交流、沟通，相互理解，从小就体贴父母，善待父母，孝敬父母。

"谁言寸草心，报得三春晖。"从呱呱落地的婴儿，到天真浪漫的少年，再到意气风发的青年，为抚养我们，父母付出了多少心血，孝敬父母，是中华民族的传统美德，也是我国法律所规定的义务。让我们牢记：孝敬父母，天经地义！

# 10. 中小学生孝敬父母的教育指导

对中小学生进行孝敬父母道德教育的意义

社会发展的现状要求中华民族传统美德的回归。党的十一届三中全会以后，我国经济得到迅猛发展，人民生活得到了根本的改善，由于计划生育这一国策的实施，我国目前已有5000多万独生子女，这一特殊历史条件产生的特殊群体，受到来自家庭的过分爱护与保护。越来越多的长辈把孩子捧为“小太阳”、“小公主”，过多地讲究孩子的营养、打扮、平常这些“过度”的爱，使大部分孩子变得骄奢任性，缺乏自理能力，缺少理解心、孝敬心和责任心，他们不知父母工作之艰辛，不知父母的养育之恩，有时父母行为稍不合孩子之意，就遭到孩子的斥责，甚至是谩骂。一些孩子还认为父母为自己服务是应该的，饭来张口，衣来伸手也是顺理成章的孩子的这些言行。使我们惊呼：现在该是猛醒的时候了！

弘扬中华民族优秀的文化传统教育如果还不摆到议事日程，那么，我们现在在培养出来的学生将会在素质方面大打折扣，难以接受21世纪的挑战。

孝敬父母道德教育是中小学德育建设和家庭教育的一项重要内容。今天，我们倡导的“孝”是摒弃了封建主义糟粕之后并与社会主义精神文明和现代道德观念相适应的“孝敬父母”的道德观念，它具有传统美德的健康内核。我们提倡的孝敬父母强调亲爱父母之情，敬重父母之心，顺承父母之意，侍奉父母之行。

这些与我国社会主义精神文明建设的内容是相符的，也是目前中小学德育的重要组成部分，同时更是家庭教育的重要组成部分，这时改变目前家庭中存在的孩子专横、缺乏同情心等状况，有着积极的意义。搞好孝敬父母教育，父母本身应是其直接的参与者和受益者。学校开展孝敬父母教育活动只有通过家长积极配合才能取得成效。在家庭，如果家长对子女过分宠爱、关心，必将导致其忽视或放松对子女摆脱依赖、自理生活、学会关心、帮助父母等良好习惯的培养。家长倘若纵容孩子任性、专横而不以为憾，任何时候对孩子都百依百顺，必将导致学校的孝敬父母教育成为单方面的灌输，失去教育的针对性和实效性。因此，这种教育必须得到家长的支持，使之成为家教中经常和长久的内容。对转变目前家教中的重养轻教、重智轻德的现状具有积极意义。

一般来说，现在的家长都爱自己的孩子，都希望他们能成为祖国有用的人才，也知道必须教育自己的孩子。但是纵观现代家庭，由于家长的文化素养不同，教育观与方法自然也不相同。目前，对于教育孩子有两种类型的家长，一是放纵型的。这类家长，平时整天忙于挣钱或搓麻将、跳舞等，对孩子弃而不管，认为“树大自然直”。二是严管型的。这类家长对孩子的教育虽抓的很紧，不过他们的目的却很狭隘，只不过是为了孩子将来念大学。能“出人头地”。于是家长们尽可能为孩子创造良好的物质生活条件，请家庭教师千方百计地帮助孩子提高学习成绩，这往往导致孩子在学业上不堪重负而对父母不满，有的产生逆反心理，甚至与父母顶撞起来，使父母感到自己的“好心”没有得到好报。这些家长在培养孩子某些技能时，忽视了对其进行良好思想品德教育、道德行为的培养，尤其是孝敬父母的教育与培养。

### 中小学生孝敬父母道德行为的特征以及实施教育的内容

中小学阶段是少年儿童道德观念萌生与道德行为发展的重要时期。小学生的道德心理发展的特点是，道德行为的情感性强，道德意志尚处于发展阶段，不够坚定，道德认知与道德行为具有不一致性。而中学生正处生理上的青春期，个体的道德心理发展虽然情感性强，但道德意志已开始在成长发展中，随年龄的增加，正逐步走向坚强，道德认知与道德行为的一致水平要超过小学生。但是总的来说，中小学生的道德行为发展滞后于道德认知与道德情感的发展。

当前，中小学生孝敬父母道德行为发展主要表现为以下几个特征：

（1）中小学生孝敬父母道德现状发展的整体水平与其年龄特点、生理特征基本相适应，同时，也出现了一些不良苗头，许多父母的溺爱并没能赢得孩子的敬重。从心理方面来看，学生各种道德品质（包括孝敬父母品质）均处于萌生和发展阶段，虽然父母子女间的亲缘情感是学生发展孝敬父母品德的天然基础与内驱力，但仍需要通过中小学长期系统的教育培养与实践以及家庭中潜移默化的作用才能稳定形成。影响学生孝敬父母道德品质发展的主要因素是学校教育与家庭陶冶，而社会环境对其影响较小。

（2）中小学生孝敬父母的道德认识和情感水平总的来说优于道德行为，“知、情、意、行”发展不平衡，经常出现道德行为偏差。小学生的这种行为偏差主要有：不听从父母教导，常惹父母生气；在家庭生活、娱乐活动中喜欢独享独占，不会礼让父母；不能主动帮助父母做家务，减轻父母的家务负担。中学生这种行为偏差的主要表现有：时常顶撞父母，父母的言行稍有不随意之处，就撒娇顶撞、毫无礼让约束；对自己的事过分地“保密”，不愿让父母过问；缺少与父母的情感交流；我行我素，父母的话入耳则听，不入耳则不予理睬。

中小学生由于道德心理发展的过程中，情感色彩浓厚，其道德意志尚处于发展阶段，不够坚定，道德认知与道德行为具有不一致性。

因此，认知的一些道德，不一定就会去实施，而在行为实施过程中由于意志薄弱而难以维系，这就导致孩子道德行为发展滞后于道德认识与道德情感的发展。

（3）学生的学业成绩、行为方面的差异与其孝敬父母道德水平差异不尽一致。

在平时，一般学习较好的学生，有时常发生对父母不孝敬的行为，而有的差生，却在孝敬父母方面常常有闪光之处，令人刮目相看。

中小学生孝敬父母道德发展的特征，为科学制定孝敬父母道德教育和内容提供了重要的事实依据。中小学生孝敬父母的基本内容应包括：了解父母、理解父母的道德认知教育；亲近父母、关心父母的道德情感教育；尊重父母，自己的事情自己做，不给父母添麻烦，承担力所能及的家务，减轻父母辛劳等的道德行为教育。但由于中小学生的心理发展特征不同，其孝敬父母的要求也应区别，其具体要求如下：小学生主要包括以下几方面内容：

①听从父母的意见和教导，学会从小礼让父母；

②帮助父母做些力所能及的家务；

③养成良好的生活习惯，注意起居饮食，保持身体健康；

④养成良好的学习习惯，用功学习，努力向上；

⑤出门和回家时都要向父母有个交待，以免父母挂念；

⑥要诚实，杜绝撒谎的行为，不在外面做违犯纪律的事。

中学生主要应包含以下几方面内容：

①听从父母的教诲；

②听取父母的意见，不要事事任性，尽量避免与父母有任何的隔阂，重要的事，要请父母发表意见；

③帮助父母做家务，注意在家待人接物，为父母分忧；

④养成良好的生活习惯，注意锻炼身体；

⑤养成良好的学习习惯，用功学习，充实自己，争取学习不断有进步；

⑥随时让父母知道自己的活动内容。有事在外必须向父母做好交待。

### 如何对中小学生进行孝敬父母道德教育

对中小学生进行孝敬父母道德教育，是一项实践性很强的教育活动，它不仅需要教师在学校付出辛勤的劳动，而且要家长的配合与参与。在实施这种教育时，应采取以下几个原则：

（1）科学性原则。这种教育过程，自始至终都应以心理学理论为指导，要符合少年儿童心理特征和行为现状，适时适度，防止成人化。

（2）实践性原则。孝敬父母道德教育是一项实践性很强的教育，这种教育活动要重在导行，要防止空洞的说教。对于中学生来说更是如此，空洞的说教只会导致教育的失败。

（3）渗透性原则。教育的方式重在渗透，除课堂讲授和专项训练活动外，应多形式、多渠道地在学校教学、家庭活动中进行渗透。

（4）相互配合原则。这项活动必须取得家长的配合与支持，必须开展家长工作，对家庭教育进行正确引导，防止学校孤军作战。

中小学生孝敬父母道德教育具有多重属性，它属于青少年儿童道德教育的范畴，是弘扬中华民族传统美德的重要内容，也是学生行为规范养成教育的组成部分，同时还是家庭教育、劳动教育、文明礼貌教育的重要内容。因此，应将中小学生孝敬父母教育纳入学校德育和家庭教育的整体规划之中统筹安排。

中小学生孝敬父母道德教育主要必须通过学校和家庭两个主渠道开展。在学校开展这种教育应形式多样、生动活泼。可以采取以下形式：

（1）开设专门讲座与学科教学渗透相结合的方式。平时，通过上专门课，可以比较系统地帮助学生理解孝敬父母的通俗道德，激发学生孝敬父母的道德情感，引导学生自觉地在日常生活中规范自己孝敬父母的行为，使孝敬父母道德教育有序化。在学科教学中适时适度地渗透孝敬父母教育内容，这是德育的共性。

学科教学中，教师应强化渗透意识，特别是在中学，由于学科较多，教材内容丰富，教师应该依据学科教材的特点，学生年龄特征和道德品质实际、挖掘教材中孝敬父母教育的内容，运用具体联想、展开想象、观察比较和系统归纳等多种方式进行渗透，并力戒牵强附会，做到适时适度。只有这样，才能引起学生情感共鸣，唤起学生对父母真挚而强烈的爱心。

（2）在学校的德育活动中渗透孝敬父母的教育。将中小学孝敬父母教育渗透到学校德育活动中去，既是这项教育的原则之一，也是教育实施的主要途径。由于学校的德育活动具有鲜明的主题思想和针对性，有意识地在各种德育活动中渗透孝敬父母教育，能使德育活动收到综合性的效益。

因为孝敬父母这一主题既是学校德育的重要内容，又可以成为学校道德教育的一个突破口，故只要我们选准目标，选择有利的时机，针对学生实际，通过生动活泼有趣的形式，就一定能使这一教育收到事半功倍的效果。

目前，学生家长普遍欢迎和支持对学生进行孝敬父母教育，但在具体操作时，家长的行动往往滞后，认为只要孩子学习好就算是孝敬父母了，更有的父母不懂得自己应如何与学校配合。因此，进行孝敬父母教育应加强家长工作，密切家庭与学校联系。目前，家庭工作主要从以下几方面进行：

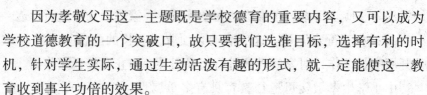

①改变家教观念杜绝打骂训斥宠爱过浓。首先应使孩子消除独生子女在家庭中的优越感，把孩子放在与家庭成员平等的地位。要教育孩子懂得关心帮助家庭的其他成员，能主动承担一些力所能及的家务劳动，起码做到自己的事自己做、尽量不给父母添负担。父母要为孩子在家庭中创造一些锻炼意志品质的机会与环境，培养他

们自强、自主、吃苦耐劳的精神。其次，父母应树立和气待人、文明礼貌、努力向上的好榜样。

父母作为孩子的第一任教师，对纯洁的孩子来说，没有什么力量比伴随其成长的言传身教更能把他们引向更高层次的人生境界。这样才是真正爱孩子的表现。

②制订专门的训练项目以及定时进行考核。中小学生的道德行为一般都滞后于道德认知与道德情感。因此在孝敬父母教育中，必须加强对孝敬父母行为规范的训练与相关能力的培养。在一般的家庭里，可以有针对性的制定一些项目的训练，如尊重父母的态度训练，关心体贴父母的情感训练，通过有针对性的训练，让孩子养成自觉的行为习惯。在训练的基础上，家长同时对孩子进行这方面的考核，以检查孩子在认知方面是否达到了学校和父母的要求。

③还应积极主动地配合学校开展各项活动。配合学校开展孝敬父母道德教育是家长应负的社会义务和责任，家长不仅应做好“父母”本身应做的教育工作，而且平时应该经常到学校去，与学校保持密切的联系，只有这样，才能使教育形成最大的合力，产生最好的效果。

## *11.* 中学生孝敬父母的教育指导

据调查，当前有相当一部分中学生，尤其是初中生，不知道孝敬父母。他们常常把父母语重心长的教导当成唠叨，动辄就顶撞父母，摔碟子摞碗；因父母没有满足他们的不合理要求，就不理父母，反目成仇；更有甚者，因父母不让他们“泡网吧”，竟然丧心病狂地弑父杀母，烧毁房屋……类似的令人痛心的事件时有发生，这不得不令人担忧。

在电视里或现实生活中，我们经常可以看到这样的情景：当一个婴儿将要出生的时候，母亲忍受了难言的痛苦；当孩子生病时，父母心急如焚，四处求医，昼夜守护；当孩子该上学的时候，父母即使卖血，也舍不得耽误孩子的学业……总之，父母愿为孩子付出一切，包括生命。父母不仅给孩子以生命，而且还为他们创造了健康成长和受教育的条件，没有父母就没有孩子的一切。

伟大的史学家、文学家司马迁在《屈原列传》一文中写道："父母者，人之本也。人穷则反本，故劳苦倦极，未尝不呼天也；疾痛惨怛，未尝不呼父母也。"人在遇到艰难险阻或疾病痛苦时，为什么总是向父母求援，这连平时跌一跤，也会不由自主地喊一声"妈呀"！这就是本能地追念根源。如果一个人不孝敬父母，他便是一个无知的人，一个不可交往的人，一个忘恩负义的人，一个道德低下的人。

中学生是祖国的未来和希望，祖国的重任必然会落到他们肩上。如果一个人连自己的父母都不孝敬，那么，他在学校会尊重师长，团结同学吗？他到社会上会尊重领导和同事吗？他能全心全意为人民服务，做一名合格的接班人和建设者吗？当我的学生的家长对我说他们孩子不听他们的话，希望让我来管教时，我便感觉头疼，便一口回绝说：如果你们的孩子连你们的话都不听，你们也就别指望孩子能听老师的话了。

古圣先贤孝敬父母的佳话姑且不说，就在我们周围大家能耳闻目睹的孝敬父母的事例也不可胜数。

有一名小学生，她的母亲重病缠身。她利用课余时间和节假日为母亲买菜、做饭、抓药、端水……与母亲相依为命。一个未成年的孩子竟能承担着繁重的家务并尽心竭力地孝敬母亲，难道我们不觉得这种品质可贵吗？

据电台报道，一位记者问一名大学生，当你的妻子和母亲发生了不可调解的矛盾时，你将如何选择？大学生斩钉截铁地回答：“我当然是选择母亲，因为母亲只有一个。”另有一位女孩考上了北京一所大学，但看到瘫痪在床的父亲无人照顾，有点茫然，最后决定“带父上学”。她一边打工挣钱，一边挤时间学习，还要精心地侍候父亲。这两位大学生的孝心使天下许多父母感动得流下了眼泪。

还有一则来自中央电视台新闻联播的消息：有一位事业正兴旺的年富力强的律师，得知自己的母亲需要换肾时，将自己的肾献给了年迈的母亲，竟把自己的健康、生命和事业置之度外。这条新闻感动了全中国，谁能说他不是一个孝子呢？肯定的说，他是一个大孝子。

这都是现实生活中大家熟知的真人真事，他们只不过是孝子群体中的几个而已。尽管他们的年龄、职业、文化程度不同，但是他们都有一颗金子般的孝心，都是我们学习的楷模。他们的事迹感天动地，他们的品德万人赞誉，他们的精神可与日月同辉。

那么，现代的中学生应该怎样孝敬父母呢？

要听从父母的正确教导。

父母处处都是为孩子着想，谁也不肯把自己的孩子推到火坑里。如果父母和自己的观点不一致，自己要耐心解释，不可冒犯父母，给父母脸色看，更不能以出走来吓唬父母，伤害父母。

（1）在精神上多给父母一点安慰。上学时对父母说一声“再见”，回到家向父母问好；见父母下班了，道一声“辛苦了”，送去一杯热茶，端去一盆洗脸水；父母生病了，带去一声问候，送去一束鲜花；父母生日时，给他们送去一份惊喜，最好的礼物是一张奖状，一份优秀的学习成绩单或用自己的稿酬、奖学金为父母买的生日礼物……虽然这都是一些不起眼的小事，如果你真的这样做了，父母会感到无比欣慰，激动得流下眼泪。

（2）做一些力所能及的事情。饭后或节假日帮助妈妈洗洗碗、扫地、洗衣服、擦桌凳、整理房间，或为爸爸捶捶背，为妈妈洗洗脚，农村的学生还要帮助父母干些农活。总之，根据自己的情况，会干什么就干什么。这些都是举手之劳的小事，父母看在眼里，喜在心头，心里比吃了蜜还甜。只要你有一颗孝心，心里装着父母，报答的方式是多种多样的。“谁言寸草心，报得三春晖”，父母的恩情是一生一世都报答不完的。

中学生首先要从孝敬父母做起，然后再推己及人，做到“老吾老，以及人之老。”走向社会之后，把人民当成自己的衣食父母，甘心情愿做人民的公仆。不孝敬父母的人不可能尊重人民，热爱祖国，成为国家的栋梁。中学生都要有高度的责任感，严格要求自己，以孝敬父母的典范为榜样，从自身做起，从点滴小事做起，比学赶帮，争做孝敬父母的好孩子。

节约开支，体贴父母，古代有句话“谨身节用，以养父母”就是说，当子女的自己要节约一些，省俭一点，这样就能有充分的物力来赡养自己的父母。虽然，现在的父母绝大多数都不需要上学的子女赡养，但需要子女的体贴与理解。

让班干部收集古今中外名人论节俭的警句和名人故事，接着让全班学生搜集父母为子女跟上“时代、潮流”而节衣缩食的事例，并在班会上交流，同学们听着一个个感人的事例后，都惭愧地流下了眼泪。随后，可以提出“生活节俭不向父母提出过分要求”的倡议，同学们纷纷自觉执行，在全班引起反响。

现在有些孩子攀比之心太高了，不看家里的情况，一味的给父母“提要求”，记得有句老话“俭以养德”，可见节俭是检验一个人品性的标尺。大家想想看，时代总在变化，我们紧跟时代没有错，可是对于物质追求，考虑一下家里的负担情况，还是要量力而行，多为父母着想吧。

尊敬父母“敬”是“孝”的重要内容，我国古代大教育家孔子认为："今之孝者，是谓能养，至于犬马，皆能有养，不敬，何以别乎！"这句话的意是，对于父母，不仅要"养"，更要"敬"，否则与犬马无异。现在的学生几乎都是独生子女，从小被父母视为掌上明珠，万般宠爱。也正是如此，造就了他们对父母缺乏应有的尊敬和礼貌。

这个问题在当今的学生中普遍存在，有些农村的家长到学校，孩子不愿意看到他们，甚至躲着他们，原因就是觉得父母穿着不够体面，要知道父母对子女的爱可是不曾卑微，他们理应得到子女的尊敬。2007年被评为"感动中国人物"的杨怀保，每次穿着寒碜、满脸沧桑的父亲来学校找他时，他没有刻意回避出人们的视线，而是大大方方地"迎接"父亲。因为他明白，一个真正懂得孝顺的孩子是不该嫌父母的，即便他们是乞丐。

## 12. 以"孝"为核心开展中学生感恩教育

"百善孝为先"，感恩父母是中华传统美德，已深深植入每个炎黄子孙的精神世界。作为新时代接班人的中学生，必须从骨子里感恩父母对自己最博大最无私的爱，才能感恩他人，感恩社会，感恩国家。在积极开展感恩教育的过程中，必须以"孝"为核心，才能最直接最有效地达到教育目的。

"孝"是中学生感恩教育的核心

中国的感恩教育源远流长，自古以来就有"千万经典，孝义为先"的古训。古人云："孝，德之始也"。只有紧紧抓住"孝"这个切入点，才能使学生感悟到：父母养育了我们，我们应该感谢父母；老师给了我们知识，我们应该感谢老师；他人关心帮助了我们，我们应该感谢他人。从而让他们树立起责任意识，以积极的心态完成学习任务。

（*1*）“孝”是感恩教育的主要内容。社会的存在和发展离不开感恩。马克思曾经指出：“人的本质不是单个人所固有的抽象物，在其现实性上，它是一切社会关系的总和。”“一个人活着不只是在为自己而活着，由于一些千丝万缕的情愫，使得人在某种程度上乐意为别人而活着。”这情中之一便是恩情，恩情大于山，父母的恩情大于天。家庭是组成社会和国家的最小细胞，天伦之理是人间最重要的道理。一个人最先接触的人际关系就是与父母的关系，所受恩惠最多的也是父母，这些因素决定了“孝”为感恩教育的主要内容。可以说，“孝”是感恩教育的基石。

（2）“孝”是实现感恩教育的重要途径。所谓感恩教育，就是教育者根据教育目的和受教育者品德形成发展的规律，运用一定的教育内容对受教育者实施的识恩、知恩、感恩、报恩和施恩的人文教育。

它是一种以情动情的情感教育，一种以德报德的道德教育，一种以人性唤起人性的人性教育。现在的很多学生只知索取，不知奉献，尤其认为父母的一切关爱都是理所当然的，在家里，孩子不尊重父母，没有做力所能及的家务，没有很好地与家长沟通；在学校则表现为冷漠自私，不尊重老师，和同学间的关系表现得以自我为中心。长辈们把他们当作宝贝，从来不让他们吃苦，溺爱有加。而无视孝道教育，致使孩子以自我为中心、自私自利、不懂得尊重他人、不能接受别人的批评、与他人难以合作等等。

这就与感恩教育的本质相违背，而改进家庭感恩教育的方式方法，是让中学生真正接受学校和社会感恩教育的基础和前提。同时，也为感恩教育的体系建立提供了最基本的途径。

（*3*）“孝”是衡量感恩教育成效的基本标准。衡量感恩教育成效的基本标准主要有以下几个：

①感恩认知的增强。通过感恩教育要使学生懂得感恩的道理，明白感恩的依据。当中学生不是一知半解，而是从世界观、人生观和价值观的高度上充分认识到父母、老师为他们的健康成长付出了那么多的辛劳，应该永远感激时，这种感恩教育就是成功的。他们从中相信感恩的说教不是画蛇添足，而是人生必须明了的真理，懂得不仅要感恩父母、老师、朋友，还要感恩国家、社会和大自然。

②感恩情感的形成。对周围的人和事冷淡，凡事自私自利是大多数中学生的现状，其本质特点是缺乏爱，匮乏对生活和大自然的热爱及激情。当感恩教育激发起中学生对世界的热爱时，首先是对家庭的挚爱，一个对父母充满深深的孝道之爱的人，心中所有的肯定是对整个人生和世界的热爱。所以说，“孝”是对感恩情感形成的“测量仪”。

*以“孝”为切入点，有力推进感恩教育*

唐朝诗人孟郊留下了“谁言寸草心，报得三春晖”的动人诗句，表达了对父母的感激之情，也从侧面告诉我们一个道理：通过尽“孝”，可以使人对家人、朋友、同事等产生感恩效应，使社会更加和谐文明。如何让学生学会感恩呢？

（1）以家庭为主阵地。使中学生在孝敬父母的同时，接受感恩教育。从本质上说，孝敬父母就是个自我进行感恩教育的过程。家庭是孩子生命的孕育之地，是孩子成长的第一空间，是孩子良好道德品质和行为习惯养成的实践基地。因此，必须将家庭作为感恩教育的主阵地。

①要重视家庭日常生活潜移默化的作用。现代心理学告诉我们，一个人对世界、对人生有怎样的认识，便会有怎样的生活方式和行为准则。如果一个人不能识恩、知恩，那就不可能感恩了。因此，感恩教育首先应让学生认识到他们所获得的一切并非是天经地义、理所当然的，而是父母含辛茹苦，努力工作，给予他们的。家长要

善于抓住生活中的细节，或明确或委婉地表达出自己深爱着他们，使学生在习以为常的小事中感受父母的真情，从而让他们爱家人也爱护其他人，在感恩中立志回报社会，将爱的传递永远进行下去。

②家长要教会学生如何报恩，积极引导他们知恩图报。有些家长认为不图孩子的报答是做父母的规则，其实不然，家长对子女的爱是无私的，但为了让他们成长为具有奉献精神的栋梁之才，必须进行报恩教育。我们要在日常生活中建立起子女对父母报恩的惯性意识和行为。

如，对家长讲话态度恭敬，语气亲切；听从父母的教导，不顶嘴，不发脾气，不让父母生气；吃饭时要等父母一起吃，好菜要先让父母吃，还要为父母盛饭；自己能做的事自己做，并尽力帮助父母做些力所能及的家务活等。这样可以使学生懂得从小事做起，培养他们尊敬父母，尊敬师长，爱护同学的好习惯。

③设置家长学校联动制度，通过家长、老师、学生三方的联动，来促进感恩教育在学生家庭的开展。信息互通是正常有效实现家校联动推进“感恩教育”的前提。家长和教师要经常联系，定时进行沟通，明确双方职责。学校可以通过家庭访问、通信、开家长会等方式，探讨总结切实可行的具有实际意义的教育方法，共同推进感恩教育在家庭的实施。

（2）以主题活动为媒介。使中学生在集体感恩父母中接受感恩教育。在学校教育中，根据教育教学的要求和学生的特点，明确主题，通过形式多样、新颖、活泼的一系列活动，培养学生知恩感恩的意识和行为。这样的活动，学生喜闻乐见，参与积极，教育效果明显。

①以感恩父母为主题，紧扣“孝”的核心开展活动，使学生在集体的环境里，共同体会家长的深切之爱，让学生明白什么是“舔犊之情”、“跪乳之恩”，从而在学生中达到产生共鸣的效果。

②不断丰富感恩父母的活动形式。要针对学生的心理特点和所思所想，增强趣味性和实效性，使感恩教育入脑入心。例如，让学生收集古今中外孝敬父母的故事，在班会上朗读；开展征文活动，评出优秀感人的体现亲情的文章；让每名学生讲一个自己印象最深的感恩父母的故事；举办讴歌亲情的歌咏会等等。

③根据中学生的实际因地制宜设置一系列感恩父母的课程，尤其是开设感恩家长的实践课，例如，开设学做小老师、学做家务活、今天我当家长、今天我值勤、给父母师长寄贺卡等德育活动课程，让他们在具体实践中体验父母、老师的艰辛，从而培养感恩意识。这样，通过一系列的主题活动的引导，让学生懂得对别人心存感激，从而学会理解和关爱他人。

（3）以课堂为重点。使中学生在感恩父母的知行合一中接受感恩教育。陶行知先生在生活、德育实践过程中以“行——知——行”的思想路线为指引，创造出了“教学做合一”的方法。他坚持德育应紧密联系生活：“亲知为一切知识之根本。闻知与说知必须安根于亲知里面方能发生效力”。因此，他特别强调德育要从学生的生活实际出发，认为只有在生活实践中受到道德教育，道德德育也才有意义。为此，必须将感恩教育引入学生接受信息最多的渠道——课堂教育，借助于课程设计，针对一定的感恩的德育内容，进行科学编置、缜密安排，使德育目标在课程中得以实现，使之形成系列的课程体系。只有这样，才能真正做到在知行合一中实现感恩教育的目标。

①以思想政治课为主体，合理设置学科结构，形成课堂感恩教育合力。我们要不断丰富感恩家长的教学资源和渠道，作为以思想政治课为培养学生的感恩意识的主渠道，这是由政治课的目的、内容决定的。利用思想政治课堂直接向学生传授感恩父母的道德知识和道德理论，有利于提高学生感恩意识，培养他们以符合社会主义

核心价值观的理论进行感恩推理，从而建立起明晰的感恩道德判断。

②在相关学科教学中渗透感恩教育。教材中蕴涵大量的感恩素材，我们可以因势利导，由此及彼，去开启学生知恩感恩的心智。如语文学科中朱自清的《背影》让我们感受到父爱的深沉；李密的《陈情表》让我们认识到什么是忠孝两全；《三峡》、《游恒山记》等课文则让我们体会到大自然给予我们美的享受；《细柳营》、《岳飞》、《包拯》等课文则让我们知道了报效祖国的意义……感恩，是一种以情动情的情感教育，教师把感恩教育有意识地贯穿于本学科的教学工作中，使学生常怀感恩之心，从而人际关系也会变得更加和谐，学生也会因为这种感恩心理的形成而身心愉悦，感恩父母，感恩社会、感恩自然。整合学科的感恩资源，正确处理好各课程之间的关系，将感恩父母的思想融入全部课程之中，从而在浓郁的感恩氛围中培养学生的感恩意识。

（4）以社会实践为补充。在“孝”文化的大背景下接受感恩教育。中国五千年的深厚文化，至始至终贯穿了“孝”文化。在《诗经》等经典名著中都有大段的关于“孝”的论述。就是在当今社会，“孝”也是文化主流。中学生感恩教育不能脱离于社会大背景之外。所以，必须在社会实践中，以“孝”为主线，有力推进感恩教育。

①利用传统节日加强感恩教育，我国许多传统节日都与“孝”有关。而且几乎所有的节日都是以关爱父母为主题。因此，感恩教育应充分利用传统节日，在教育学生回报家长时，使他们真正接受感恩教育。

②充分利用庆祝生日在学生与家长的互动中，强化学生感恩意识。可以全家开家庭会，邀请家属、老师、和邻居参加，以一种简单的方式诠释“生日是感恩节”的主题思想，当这种“感恩”的情感体验内化为孩子的道德行为时，就会使学生从“唯我独尊”中懂

得感谢，实现从一味索取到乐意付出的超越。

③设立“感恩日”，倡导报恩实践活动，创设“感恩日”，即指定每周或每月的某一天为“感恩日”，在家长和老师的带领下，学生利用课余在家、在社区和社会上做自己力所能及的事，可以是感恩家庭的事，也可以是感恩自然、感恩社会、感恩祖国的事。在每次活动后，要求学生写下感言，使学生从社会活动中有所体会、有所感悟，从而内化为自身的品质，学会感恩，懂得报恩，最终有效实现感恩教育的目标。

## 13. 新时期大学生的感恩意识培养

近年来，随着我国高校的不断扩招，高校贫困生的人数也在不断上升。目前，我国高校在校大学生中贫困生的比例约为25%，加强对高职贫困学生的资助力度，帮助他们完成学业，力争不让“一个贫困学生因家庭经济困难而辍学”，其目的是希望他们在得到资助的同时，懂得回报社会，感激恩德，使资助与报偿形成一个良性的闭环。但是，当前社会不少贫困学生出现不懂感恩、不会感恩、忘恩、情感冷漠、自我意识膨胀等现象。特别是对于高职院校来说，由于高职院校的学生总体素质较差，文化基础知识薄弱，多注重物质享受而轻视自身修养与提高，注重自我感受而不知关心别人，对父母的关爱与帮助不懂得回报，感恩意识极其薄弱的现象，加强高职贫困生的感恩教育是非常必要的，同时，也为新时期高职德育工作的开展提出了崭新课题。

感恩的教育涵义

“感恩”是舶来词，最初源自基督教教义，是一个带有浓烈宗教味道的概念。在英国，很多古老的教堂石墙上至今还仍然雕刻着

“思考”与“感恩”两词。“感恩”在牛津字典里定义是：“乐于把得到好处的感激呈现出来且回馈他人。”在美国，每年 *11* 月的最后一个星期四是感恩节——Thanksgiving Day。在这一天，具有各种信仰和各种背景的美国人，共同为他们一年来所受到的上苍的恩典表示感谢，虔诚的祈求上帝继续赐福。

《辞源》解“感恩”为：感怀恩惠。三国志吴骆统传：餐赐之日，可人人别造，圈其燥溽，加以密意，诱谕使言，察其志趣，令其感恩戴义，怀欲报之心。

感恩是一种美德，是一种生活态度，是一种善于发现美并欣赏美的道德情操，是生活中的大智慧。心怀感恩，能够消解人们内心的愤恨、积怨，让我们胸襟宽广；能够帮助我们重新审视生活，让我们正确对待生命，尊重他人，促进和谐人际关系的建立；能够促进社会的文明、和谐与稳定，让我们的生活充满温馨。

但是，感恩并非与生俱来，它需要启发与引导，要通过教育来促使人们形成一种感恩的心态、品德和责任进而外化为感恩的行为。因此，感恩教育就是教育者运用一定的教育手段和方法，对受教育者有目的、有步骤地实施识恩、知恩、感恩、报恩以至于施恩的人文教育。它是一种以情动情的情感教育，是一种以德报德的道德教育，也是一种以人性唤起人性的人性教育。对大学生而言，感恩绝不是对所受之恩的简单回报，而是一种自立意识、自尊意识、责任意识的表现以及一种精神境界的追求。

高职贫困生感恩意识淡漠现状分析

感恩是中华民族的传统美德，自古时起就有“隋侯之珠”、“子路负米”、“王祥卧冰”的感恩典故。意在教导后人要懂得知恩、感恩、酬报恩德。然而，遗憾的是当今的大学生特别是高职院校的贫困生感恩意识却非常淡漠，使他们成为不懂感恩，不会感恩；情感冷漠的一代。目前，高职贫困生感恩意识淡漠的状况可以分为以下几类：

（1）轻视生命，随意自我放弃。生存是人发展的第一要素，只有生命存在才能谈到感恩，然而，目前许多的在校贫困学生不理解生命的意义，采取极端的方式任意践踏父母给予的生命。面对问题，缺乏判断与处理能力，极易陷入迷茫与困惑之中，产生忧郁以及难以承受的压力。对待挫折与失败，一蹶不振，毫无承担的勇气与重新振作的决心，往往产生破罐子破摔的做法，实在令人心痛。

（2）奴役父母，不敬不孝。父爱如山，母爱似海，父母将我们带到这美丽的世界，培养我们，让我们成长。他们用无私的爱和不求索取的奉献，为我们成长的道路扫平障碍。因此，对父母的养育，我们应心存无尽的感激与报答。然而，2004 年 11 月初，南京大学校园里贴出的一封署名为“辛酸父亲”的来信在社会上掀起了轩然大波，使我们意识到感恩意识淡漠问题已成为高校德育工作中亟待解决的沉重问题。在信中父亲控诉儿子对父母除了索取还是索取，从不体谅，为了多要钱物甚至不惜“偷改入学收费通知，虚报学费”。父亲质问自己的大学生儿子：“在大学里，你除了增加文化知识和社交阅历之外，还能否长一丁点善良的心？”

设想一下，如果一个人连父母的养育之恩也漠然置之，或者说仅仅将父母作为满足自己物欲需求的“自动提款机（ATM）”的话，那么他根本无法感受来自他人的关爱、来自社会的体恤、来自祖国的培养以及来自自然的恩赐。

（3）漠视师恩，没有礼貌。教师是人类文化的传播者，在人类文化的继承发展中起着桥梁和纽带作用。学生的成长无不凝结着园丁们的辛勤培育。文学家林语堂先生说：“一个受过教育的人，首先应该通情达理”。然而，现在的许多贫困学生已经缺少了对老师感恩的情意，对待老师缺乏起码的尊重。随意缺课，在课堂上无视老师的存在，大声说话，对待老师的答疑解惑连句“谢谢”都没有，甚至在校园里见到老师擦肩而过而招呼都不打，如同陌路。在今天的社会，像毛泽东当年尊重、感激徐特立那样尊重、感激自己的老师，尊重教师的人格、尊重教师的劳动、尊重教师的创造的人已经是很鲜见了。

(4) 漠视社会资助，缺失感恩情怀。贫困学生作为高校的一个弱势群体，目前受到国家、社会以及学校的高度关注和资助。对于各项资助的给予，他们常常认为是理所当然，无代价获取；有的认为自己学习成绩好，资助非我莫属；还有的认为自己受到资助是在帮助资助方获取好名誉，双方互利，不存在恩惠；更有甚者抱怨社会不公，将资助的善意视为自己不得不忍受的屈辱。2005 年 7 月，丛飞事件报道之后，一些曾经受到丛飞资助的大学生的冷酷更让人们感到震惊。丛飞用义演所得的 300 多万元钱，资助了 178 名贫困学生，自己却因胃癌晚期，欠下了 17 万元的债。但是在丛飞患病住院后，曾受他资助的、现已在深圳工作的那些大学生没有一个人来看过他。一位毕业后成为大学教师的大学生，在网上看到了自己的名字被列到了丛飞资助过的名单里，甚至打电话质问丛飞：你把我的名字说出来，你这是什么意思，这使我很没面子，我现在已是一名大学教师了。可想而知，所谓“学高为师，身正为范”，这样的大学教师又怎能教育出品德优良的学生？

此外，国家为了不让一个贫困学生辍学，为在校贫困大学生办理国家助学贷款，然而国家助学贷款开办至今，却有大量的贫困学生毕业后不偿还贷款，恶意欠款，2007 年，原中国石油大学学生季鹏飞等 41 人因为拖欠国家助学贷款还款，被中国建设银行北京昌平支行提起诉讼。

可见贫困学生严重缺乏感恩意识，孰不知资助的来之不易，不知他们是众多需要资助的同学中幸运的受助者，也从未想过要报答，要感恩。

（5）铺张浪费，过度消费。目前，高职院校的学生多为80年代后期出生，由于受到市场经济的影响，他们的人生观，价值观都发生了改变，他们喜欢展示自我，喜欢站在时尚潮流的最前端，而在校的贫困生由于家庭的经济困难，往往自卑心很重但自尊心又很强，面对校园里可以“穿名牌”，“请客吃饭”，使用高档用品的同学，他们往往产生崇拜心理，竭尽所能的效仿，将得到的资助金任意挥霍，因为他们不愿意让人知道自己的身份，不愿意让人冠上贫困的帽子。

高职贫困学生感恩意识淡漠的原因分析

（1）社会环境的负面影响，引发感恩意识缺失。当前中国正处于社会转型期，错综复杂的社会环境虽然激发了人们的聪明才智，但也导致了一些人只看重金钱，损人利己，见利忘义的道德滑坡现象。而这也不可避免的影响到身处其中的当代高职贫困学生们，使他们缺乏感恩意识，不知感恩，不懂报恩。

（2）父母过分溺爱，弱化感恩教育。许多父母补偿心理过重，总是希望孩子完成自己未曾实现的理想。因此，在生活上大包大揽，过分宠爱、溺爱子女，却从不要求子女感知自己付出的爱，感知自己生活的艰辛，更不要求子女回报。对子女来说“只要学习好”就是对父母的交代，以致无形中弱化了对子女感恩意识的培养，促使他们成为不懂得感恩、不会报恩的“冷漠一代”。

（3）学校的教育片面，忽视感恩教育。长期以来，我国以应试教育作为主要教育模式，而这种模式主要以学生的升学率、就业率以及教师的科研成果和论文发表数量作为衡量学校、教师和学生的标准，在这一价值取向的影响下，不可避免地忽视了对学生的感恩教育，忽视了教育的育人功能。许多学生表现出自私自利、缺乏修养、感情冷漠、道德沦丧。马加爵杀人事件深刻揭露了我国高校感恩教育方面的缺失。

如何加强高职贫困学生感恩教育或者培养感恩意识

（1）以人为本，强化全员育人意识。孔子云：“其身正，不令则行；其身不正，虽令不从”。教师是学生的楷模，教师的一言一行对学生起到潜移默化的熏陶作用。强化教师的人本思想，强化全校教职工的育人意识，对学生身心健康成长是非常重要的。特别是高职院校，由于其贫困学生较多且生源的复杂性，在全校范围内强化服务意识，发挥教师的育人功能，用爱心帮助学生，用情感温暖学生，用科学的管理与严格的教诲引导学生，使学生远离社会不良风气的侵蚀，为贫困学生建立一个良好的感恩育人环境。

（2）改革两课教学内容，融入高职课堂。目前，在高职的德育课程中感恩的教育内容甚少，且感恩的理论讲解与学生的生活联系也是微乎其微。那么，面对当前高职贫困学生感恩意识淡漠现象，笔者建议将感恩内容融入高职课堂，这种融入不单单是两课的融入，更应当渗透到高职课堂教育的方方面面。即在两课教育中，引入中西方优秀传统文化以及对感恩内涵的理解，强化对学生感恩意识培养。

此外，针对贫困学生可以以学生身边实实在在的感恩例子现身说教，触动学生心灵，激发感恩意识。在其他课程中，适当添加相关学科的发展历史，以及优秀品牌企业人文精神及运营理念的介绍，重点强调感恩意识在企业中的体现与转化，培养学生的爱心、敬业精神与感恩情怀。

（3）改进学生资助模式，以行动促感恩。目前，我国所采取的资助模式普遍是以金钱方面的资助为主，而这一资助模式往往削弱了感恩意识的养成，极易使贫困学生产生“等、靠、要”的思想。建议在未来的资助中，采用资助与义工相结合的方式，即贫困学生在上一学年末或者新学年初期完成资助申请，并在得到资助的一年间无偿进行一定数量的义工服务，每学期服务至少包含两个领域，每个领域每月至少服务一次。且在校期间应至少完成三个领域的义工服务。

如学校、社区、孤儿院或是社会公益场所。并由所服务场所对贫困学生的服务进行评价，学校根据评价决定新一年是否对其进行资助。以此使贫困学生了解工作的辛苦，父母的辛劳，懂得学习机会的来之不易，受到资助的幸运，从而在贫困生心中形成知恩、感恩的良性的循环。

（4）加强学生心理干预，用真心化解“冷漠”。对于高职院校来说，在给予贫困大学生资助的同时，也应注意加强贫困学生的心理干预。针对刚迈进大学校园的贫困学生来说，自卑、心态不平衡、人际交往不顺畅等情况，相比其他同学更容易产生。他们急需老师以及同学的呵护和帮助。如果可以经常与他们交流，适时给予他们自我展示的机会，关心他们、肯定他们，培养他们的自信心，正确指导他们成长，那么，高职贫困学生的心将不再“冷漠”。

（5）丰富校园文化活动，触动学生感恩情怀。校园是学生的第二个家，学生绝大部分的时间都是在校园度过。那么，巧妙的将校园活动与感恩教育相结合，不但能丰富学生课余文化生活，而且使学生在娱乐中受到感恩教育的熏陶。

比如，可以在师生间开展一帮一结对子活动，让贫困学生感受到来自老师与同学的关怀；可以在母亲节、感恩节等具有感恩意义的节日，开展“鸿雁传书”、“帮父母实现一个愿望”、“爱心接力”以及征文等形式多样的活动，使贫困学生在参与活动的同时，使自己的心灵得到净化；针对毕业生可以收集他们用过的教科书，免费发给贫困新生，与接受赠书的贫困新生签订使用协议，要求其保持书的整洁与完好，以便在他们毕业时此书可以继续传承，且毕业生可以在书的扉页上留言，以警示后辈。

此做法不仅传承了文化，延长了书的使用价值，减轻贫困生的经济负担，同时扉页上的留言以及使用要求的签订对学生是一种触动，使贫困学生在潜移默化中学会感恩。

感恩是中华民族的传统美德，是人类文明、社会进步的标志，强化高校感恩教育，探索新时期感恩教育的新思路，新方法，积极培养高职贫困生的感恩意识，使大学生树立起正确的感恩观、高尚的感恩情，将对国家的发展、民族的振兴起到积极的推动作用。

第二章
学生热爱父母教育的故事推荐

# 1. 郯子扮鹿取奶孝双亲

远在两千多年以前的周朝，在中国的北方有一个偏僻的小山村。村中住着一个叫郯（yǎn）子的少年。

郯子个儿虽然不高，却很勇敢机智，又特别孝敬父母，村里的大人、小孩都特别喜欢他。

郯子常常对村里人说：“父亲、母亲生养了我，把我养大不容易，我要像父母爱我那样爱他们。”

郯子不仅是这样说的，也是这样做的。

郯子家十分穷困，全靠父母日夜操劳，一家人才勉强得到温饱。

岁月不断流逝，郯子的父母渐渐老了，二老的身体越来越不如以前了。

随着郯子的一天天长大，他越发变得懂事了，知道自己应该为父母分忧。

他每天天刚蒙蒙亮就起床，帮助父母担水、做饭、打扫院落。侍候父母起了床，一家人吃完早饭，他背着绳索，拎着斧头上山去打柴。

郯子进了大山，凭借着矫健、灵巧的身子，爬上大树，抡起斧头使劲地砍起树杈，斧砍树木的响声在大山里回荡。

山野里，有一群鹿惊奇地瞧着郯子，郯子友好地向鹿群招招手，学一声鹿鸣。由于他学得极像，同鹿成了好朋友。

常年的劳累使郯子父母的身体越来越弱了，二老的眼睛都快失明了，这下可急坏了郯子。郯子到山里为父母采来各种药材治病，总不见效。

一天，郯子的父亲说：“我很小的时候，吃过鹿奶，鹿奶的味道很不错，听说对人的眼睛也有好处。”母亲也补充说：“我也听老一辈的人说，鹿奶对人很有滋补作用。”

父母那么想吃鹿奶，上哪儿去弄呢？聪明的剡子突然想起了山间林子里的那群鹿。如果自己装扮成小鹿去采奶，母鹿一定肯帮忙的。

剡子为自己想出这个主意而高兴。他没有对父母讲，怕父母不让他去。剡子来到村里一户猎人家，向猎人借了一张鹿皮。

第二天，剡子提着一个小罐，拿着鹿皮进山了。进了林子，他老远就看见了那群鹿，他把鹿皮蒙在身上，装成一只小鹿，混进了鹿群。

他爬到一头母鹿身边，用手轻轻地往小罐里挤奶。因为剡子的动作轻柔，母鹿还以为是一头小鹿在吸奶，于是驯服地让剡子挤，剡子终于挤满了一罐奶。为了不让鹿群发现，他仍然爬行着离开了鹿群。

剡子回到家中，高兴地让父亲喝他带回的新鲜的鹿奶。父母问他是从哪儿弄来的，剡子这才把自己装扮成小鹿挤鹿奶的事告诉他们。

父母很担忧，劝他以后不要再去了。剡子却说：“只要二老身体一天天壮起来，我吃点苦不算什么！”

从此，剡子一次次地进入深山老林，混进鹿群去挤奶。一天，他混在鹿群中，刚挤了半罐奶，突然听到一阵急促的马蹄声。鹿群四散逃走，只剩下剡子装扮成小鹿原地不动。

原来，是猎人们围猎，来到山林，猎人们拈弓搭箭，刚要射，剡子急忙掀掉鹿皮，站起来说：“别射！我是人！”他把为父母挤鹿奶的事告诉猎人。

猎人们大吃一惊，并为剡子孝敬父母的精神所感动。一时间剡子扮鹿取奶孝双亲被传为佳话。

## 2. 颍考叔讲孝道感召庄公

颍（yǐng）考叔，春秋时郑国人（今河南新郑县一带），是郑庄公手下的一个管理疆界的官员。

郑庄公出生时脚先出来，他的母亲武姜氏因为这个特别讨厌他，而偏向他的弟弟共叔段，想立共叔段为国君，由于庄公的父亲武公不同意，还是庄公继了位。

庄公继位后，武姜氏千方百计的帮着共叔段扩充势力，伺机夺权。庄公欲擒先纵，待时机成熟时，先发制人。在共叔段攻打京城前，一举打败共叔段于鄢地。共叔段逃亡到国外，妄想打开京城之门作内应的武姜氏被放逐到城颍（今河南临颍县西北）。郑庄公对其母发誓说："不到黄泉，咱们不要再见面了。"武姜氏再不对，毕竟是自己的母亲呀，过了一段时间，气消了之后，庄公又觉得自己也有些过份。可话已经说出了嘴，又有什么办法呢。

颍考叔听到这件事后，找了个借口，见到了郑庄公。庄公招待他吃饭，席间庄公发现颍考叔把肉食都放到一边，从不动筷，就好奇地问："你怎么不吃肉食呢？"颍考叔赶忙回答说："小人不是不吃肉食，而是因为我上有老母。我们家的好东西她老人家都吃着了，但从来没有吃过国君您这样好的菜肴，请允许我把这些菜带回去给我老母尝尝。"郑庄公说："你还有母亲，吃什么还可以想着她，给她带回去吃，我就没有这种福分了。"颍考叔明知故问地说："我能问一下，您这话说的是什么意思吗？"庄公把放逐母亲于城颍，并发誓不再相见的事说了一遍，在诉说时流露出悔恨的情感。颍考叔觉得时机已到，就开导说："您有什么可忧虑的呢？假如您深挖地，到有泉水处，打一个隧道，母子在隧道里相见，谁能说这不是在黄泉中相见呢?”庄公高兴地听从了颍考叔的话。

隧道打通了，庄公在进隧道时，十分激动，就赋诗一首，其中一句说：“大隧之中其乐融融。”武姜氏出了隧洞以后，也感慨万端，懊悔不已，也赋诗一首，其中一句是：“大隧之外，其乐也泄泄（和乐融融）。”从此母子和好如初，就好像任何事情也没发生一样。

《左传》的作者在评论这件事时说：颍考叔是一个有纯粹孝心的人，他对母亲的爱，感召了郑庄公。“孝子不匮，永赐尔类”，《诗经》里的这两句诗说的就是这种情况吧。

## 3. 孔子论孝

在孔子的思想中，孝道占有重要的位置，他教育学生把“孝敬父母”放在第一位。他说：“学生在家要孝敬父母，出门要尊敬兄长，少说没用的话，对人要讲信用，要热爱集体，接近有道德的人。这样做了，有剩余的精力，就去学点文学知识。”可见，在孔子的教育思想中，是把孝敬父母放在首位的。孝，是人才成长的思想基础，人，孝敬父母了，才能尽忠好义，为国为民。

一次，他的学生子夏问他，应当怎样孝敬父母，他回答说：“侍候父母，一定要从内心关怀体贴，和颜悦色地对待父母。父母有事了，子女应当代服劳役；有了好的吃喝了，应该让父母先吃。能这样做，也就算是孝敬了吧。”

又有一个学生叫孟武伯的，也来问这个问题。孔子回答说：“当父母的，就是怕孩子有病啊，一定要加强身体锻炼和品德的修养，不使父母担忧啊!”

从这些回答中，可以看出孔子孝敬父母的主要内容：要从内心深处去尊重、热爱、关心父母；为父母多做些自己能够做的事，干些自己能够干的活，以减轻父母的负担；衣食住行，有了好的，应请父母先享用；要注意锻炼身体，加强品德修养，事事处处注意不叫父母担忧、操心。这些也是今人应继承和发扬的。

## 4. 闵子骞感动后母

闵子骞，是孔子的弟子。孔子称赞他上事父母，下顺兄弟，一举一动，尽善尽美，无人讲他闲话。

闵子骞小时候，受后母虐待。

后母疼自己生的两个儿子。有好吃的，就偷偷地给自己生的两个儿子吃，闵子骞吃不着还常常吃不饱饭。可是，闵子骞怕父亲知道了难心，从未告诉他。

冬天到了，后母所生的两个儿子穿的都是棉絮衣，身上暖烘烘的，而闵子骞穿的却是芦花做的棉衣。

有一天，闵子骞的父亲坐着他们兄弟三人拉着的车外出。

那天，天气非常寒冷，西北风呼呼地刮。闵子骞的棉衣不能御寒，一打就透，他冻得浑身颤抖，面色灰白，手都冻僵了。

而他的两个弟弟，因为拉车赶路，衣服保暖，脸上直冒热汗，面色红润。

闵子骞的父亲一看，闵子骞瑟瑟发抖而两个弟弟直淌汗，以为闵子骞拉车不卖力气，一气之下，就用鞭子抽打他。

鞭子抽破了棉衣，芦花忽地飞了出来。父亲感到奇怪，抓着几个一看，才恍然大悟。啊！原来儿子身穿芦花，是冻的在发抖！

“回家！哪儿也不去了！”父亲命令三兄弟往回走。

闵子骞的父亲真是气极了，他心疼起自己的儿子来。

一进家门，父亲便把妻子叫出来。骂她没有人心，要休掉她。

闵子骞一见，跪在地上哀求父亲说："母亲在这儿，只有我一个人寒冷，如果母亲离去，那么我们兄弟三人都将孤单!""我的棉衣絮芦花，是我家贫困，没有那么多棉花!"

父亲见他的话说得婉转而近情理，便打消了休妻的念头。

后母听了闵子骞的话，非常惭愧。从此以后，她痛改前非，待闵子骞比她的亲生儿子还好。

## 5. 曾参克尽孝道

曾参，字子与，又称曾子。春秋末年鲁国南武城人。生于公元 *505* 年，卒于公元前 *436* 年。曾参出身贫寒，一生经历坎坷，但终生讲求修身养性，主张"日三省身"。

曾子以孝出名，他不仅行为上恪守孝道，而且还有一套理论主张。他把孝分为三种：大孝尊亲，其次弗辱，其下能养。

曾子在孔子门下受业学习多年，已学有所成。那时，他家贫寒，为了养活父母，他在离家很近的莒国出仕做小吏。虽然俸禄只有几斗米，但是他仍然十分欢喜，因为能用自己所得供养双亲。后来，他成了大名士，双亲也老了，他就不再外出谋官。当时，各国聘请他做相国，楚国委任他为令尹，晋国请他做上卿，都被他拒绝了。

父母亡故之后，曾子游历到楚国，做了大官，出门百乘相随，大队仪仗呼拥，高官厚禄十分显赫。可曾子并不高兴。他常常面北哭泣，因为在他看来，官再高，禄再丰，父母已经亡故，无法再奉养双亲了。父母没能过着荣华富贵日子，太可怜了。

曾子孝敬双亲，甚至到了愚孝的程度。

一天，曾子到他父亲的瓜地里去锄草。一不小心，把瓜苗锄掉了好几棵。曾子好心疼，自责自己的粗心。

这时，正赶上他父亲拄着棍子来薅（hāo）草，一看见曾子把瓜苗锄掉好几棵，气不打一处来，没问青红皂白，举起大棍，照着曾子的脑袋打来。本来，曾子稍一侧身，棍子就不会落在曾子的头上的。但曾子想，自己错了，父亲打几下消消气，就没有躲闪，仍立在原地。因用力过猛，曾子被打倒在地，不省人事了。这下子可吓坏了父亲，后悔自己出手太重。老人连呼带叫，揉了半天，曾子才苏醒过来。

为了不使父亲为自己担忧，曾子赶紧爬起，好像没挨过打似的向父亲赔不是。并走进瓜棚，拿过琴来弹给父亲听，让父亲消气。

曾子不仅对父亲如此，就是对后母也是十分孝敬，甚至休了妻子以敬后母。

曾子的后母对他十分刻薄，一点恩义也没有，但曾子毫无怨言，像对父亲那样，孝顺备至。

有一次，他让妻子为母亲做藜羹，他的妻子一时粗心，没蒸熟就端了上去。曾子知道后，大为恼火，立刻写了休书，将妻子撵出门去。知情人都认为太过分了，责问他说："妇人犯了七出之条，才能休掉；藜羹不熟，这样区区小事，你为什么要因此休妻呢?"

曾子说："藜羹确实是件小事，但我叫她煮熟奉母，她竟然不听我话。这样的人，如何可以留下她呢?"

然而曾子毕竟疼爱自己的妻子，为了珍惜夫妻感情，终身没有再娶。

## 6. 子路背米

子路，姓仲名由，孔子的学生。他性格豪爽开朗、好勇，武艺高强，却从不欺负弱者，且尊老爱幼，是乡里有名的大孝子。

子路家里很穷，常常以糠菜充饥。他想，家有穷富，人有高低，但家庭越贫寒，就越应想方设法孝敬父母，尽心尽力的去侍奉父母，尽量让父母少受些苦。他自己常常吃野菜或灰菜做的面团子，却设法让父母吃上米饭。

后来，家境稍有好转，子路对父母仍照顾倍至，想方设法让二位老人吃好，尽子之孝道。

一天，子路去50里外的陬邑做买卖，见集市上卖一种米，白白的。子路问："这是什么米?"同行的人告诉他说："这叫稻米，做饭香甜可口!"子路想，何不背回点让二老尝尝。于是他就买了一口袋，背回家中，给父母煮出香喷喷的白米饭。二老边吃边赞不绝口："白米饭真好吃啊!"

子路见二老这样喜爱白米饭，他就经常去陬邑背米。

后来，子路得知孔子收徒讲学，就前往拜师学习，由于他勤奋刻苦，很快成了孔子的得意门生，可就有一样叫先生不满意：子路过一段时间就请假回家。

一天，孔子问子路："你为什么过一段时候就请假回家?"子路见先生问起这事，忙向前行礼回答："先生不知，学生的二老最喜陬邑的白米饭，学生过一段时间就得去陬邑背米，孝敬双亲。"

孔子听了，深为感动，并夸赞他说："子路真是个大孝子啊!"

子路常对人说，背着沉重包袱走远路的人，休息时从不选择地点，因为太累呀！双亲年迈家里又很穷的人，找工作会不管挣钱多少，因为急需钱花啊!

二位老人去世以后，子路去了南方到了楚国，受到楚国重用，曾高贵一时。跟随他的车子达到一百多辆，积攒的谷子有几十万担，坐车铺的垫子，一层接一层，吃饭的时候，摆着多少个鼎看着吃。

穷贱之时，子路孝顺双亲尽心尽力，富贵之日，子路更时刻怀念双亲。他说，我真愿意回到同父母一起享受欢乐的时刻，可是不能再得到了。“枯鱼过河泣，何时悔弗及”，二位老人寿数有限，孝子想要孝敬老人，可是二位老人不能等啊。就像草木想着不凋谢，可是霜露不允许啊。我没能及时孝敬老人，时机一过，后悔也没有用了。

贫亦孝，富亦孝。子路孝顺父母的深切情感，打动了多少孝子的心啊！

## 7. 乐正子春闭门思过

乐（yuè）正子春，春秋时代鲁国人，曾参的学生。

一天，他从高台阶上走下来，刚好有一群大雁从头上飞过，望着远去的大雁，乐正子春陷入了对人生的沉思之中，忘了自己正在下着台阶，一下子踩空了，跌倒了，崴（wǎi）了脚脖子，疼得直叫。

家人闻声跑来，将他扶起，搀到屋里，让他倒在床上，便跑去请医生。看着乐正子春满是冷汗的面孔，母亲心疼得直掉泪，埋怨儿子毛手毛脚，不知爱惜自己，这么大了还让父母操心。儿子崴脚，母亲流泪，真是十指牵心啊！乐正子春好后悔，为什么自己思想溜了号，崴了脚，让父母跟着操心。

经医生的推拿，又吃了两副药，脚很快就好了。人们奇怪的是乐正子春还是不出门，而且见了家人脸上还现出惭愧的脸色。一问才知道，他是在闭门思过呀。他说：“我听老师讲过，当子女的应当爱惜自己的身体，父母生下完完全全的身体，就应完完全全地保存下来。这样才能对得起父母，才能说是孝敬父母，不该无缘无故地毁伤自己的身体。这是孝敬父母的起码要求啊。我想，凡是能够做到恭敬谨慎孝敬父母的人，就不会使自己的身体无故受到损伤。我没做到处处事事恭敬谨慎，走路还把脚崴了，辜负了老师的教导，也忘记了对父母的孝敬啊！”

乐正子春走路不小心崴了脚，竟一连几个月没有出门，在家闭门思过，悔恨自己没做到处处事事恭敬谨慎，忘了孝敬父母。人们听说了都很感动。他的老师曾子知道了这件事也赞扬他能从各个方面去思考孝敬父母，处处恭敬谨慎，严格要求自己、修养自己。

## 8. 卞庄子采蜜伺母

卞庄子出生在春秋时代的鲁国卞邑，他不仅是一位英勇的壮士，而且还是一位德行很高的人。

没有出外做官的时候，卞庄子家住在卞桥东北十几里的蜂王山下。蜂王山上有一窝非常大的蜂群，它们经常成群地到窝外袭击人畜，人们惧怕蜂蜇，都不敢上山打柴、打猎。

一次，卞庄子的母亲得了重病，疾病折磨得老人饭吃不香，觉睡不着。母亲得病后，急坏了卞庄子，他天天伺候母亲，在病榻前喂水喂药，端屎端尿，从不厌烦。还想尽一切办法为母亲做好吃的。老人在卞庄子的精心照料下，病减轻了许多。

一天，卞庄子到母亲床前问安：“母亲，今天您想吃点什么？”“娘的嘴总是觉得苦，想吃点甜的！”母亲有气无力地说。卞庄子为难了：“方圆数里，只有蜂王山蜂巢里的蜜是甜的，别的食物都不甜，怎么办呢？”

“既是这样，我儿就不必发愁了！”母亲躺在床上安慰儿子说：“我只不过说说而已，其实不吃也行。”

卞庄子立即从母亲床前站起来说：“娘，您放心，孩儿一定给您割来蜂王山的蜂蜜，让您老人家吃到！”说罢，扭头就走了。

“不！孩子，你不能去！”母亲从床上伸出瘦骨嶙峋的手来制止儿子。“我听说，蜂王山的蜂可毒啦，你要被蜇坏的！”

卞庄子安慰说：“母亲放心，孩儿晓得，我一定要弄来蜂蜜！”说完，就背上筐子，拿起柴刀，不顾一切地向蜂王山冲去，荆条划破了他的手指和衣衫，他全然不顾。进了蜂王山，一个硕大的蜂巢附在山石上，群蜂铺天盖地向卞庄子袭来。卞庄子扑通跪倒在山坡上：“尊敬的蜂王啊！请可怜可怜我病重的母亲吧！她想吃点蜂蜜！”

群蜂像是听懂了卞庄子的话似的，向四面八方飞散而去。卞庄子连连道谢：“谢蜂王殿下赏蜜！”他从腰间拿出柴刀，从巨大的蜂房里割了一块蜜，然后离开了蜂巢。

卞庄子到家的时候，天已经黑了。母亲正惦记着儿子的安危，没想到他平安回来了。

卞庄子一进门就说：“妈！我去了蜂王山，向蜂王为您讨了蜜，您快吃一点吧！”他用汤匙为母亲舀了一勺蜜，送到母亲嘴里，母亲吃在嘴里，甜在心里。蜂蜜滋补了母亲的身体，母亲的病渐渐好了。

卞庄子不顾危险为母亲割蜜的故事在泗水卞桥一带流传下来，他赢得了人们的尊敬。

## 9. 孟子提倡孝悌

孟轲，字子舆，邹（今山东邹县）人。战国时思想家。受业于子思。在儒学分化中，被称为孔孟学派，代表孔门正统学术思想。

孟轲提倡孝悌。

在一个秋雨连绵的夜晚，孟子和学生们围坐在一起讨论孝悌和修养的关系问题，爱提问题的公孙丑首先提问：“老师，您为什么那么重视孝悌呢?”

孟子解答：“因为要实行尧舜的仁政，必须立足于孝悌。”

公孙丑接着问：“那么，什么是孝悌呢?”

孟子解释说：“孝顺父母为孝，尊敬兄长为悌。孝和悌是仁义的基础，只要每个人都爱自己的双亲，尊敬自己的兄长，天下就可以太平。”

孟子谴责不孝顺父母的人，他认为不孝有五项内容。

学生公孙丑问他有哪五项内容时，孟子说：“世俗所谓不孝的事情有五件：四肢懒惰，不管父母的生活，一不孝；好下棋喝酒，不管父母生活，二不孝；好钱财，偏爱妻室儿女，不管父母生活，三不孝；放纵耳目的欲望，使父母因此受耻辱，四不孝；逞勇敢，好斗殴，危及父母，五不孝。”

孟子还认为，父母死后，应当厚葬久丧。孟子老母死了，孟子给以隆重的送葬，棺和椁，都选用上等的木料，还专门派学生监督工匠制造棺椁。事后，他的学生也觉得选用的棺木太好了，便带着疑问对孟子说：“前几天，大家都很悲伤、忙碌，我不敢向您请教，所以今天才提出来。您看，用的棺木是不是太好了呢?”

孟子解释说：“对于棺椁的尺寸，上古时没有一定的规定；到了中古，才规定棺厚七寸，椁要与棺相称。从天子一直到老百姓，都这样做了，才算尽了孝子之心。古人都这样做了，我为什么不能这样做呢? 我给你们讲孝悌时，不止一次地对你们说过：在任何情况下，可不应当在父母身上省钱啊!”

公元前325年，滕国的国君滕定公死了，太子（即滕文公）派然友去请教孟子怎样办丧事。孟子主张厚葬久丧。他对然友说：“父母的丧事，尽心竭力去办就是了。曾子说过，当父母在世时，应按照礼节去奉侍；他们去世了，应按照礼节去埋葬和祭祀，这就是尽孝。诸侯的丧礼，我虽然不曾学习过，但也听说过，就是实行三年的丧礼。从国王一直到老百姓，三年中，都要坚持穿孝服，夏、商、周三代都是这样办的。”

然友回到滕国，把孟子的话向太子汇报了，太子觉得孟子说的有道理，便决定实行三年的丧礼。但是，命令下达后，滕国的父老和官吏都不愿意，有人说：“三年丧礼，连我们的宗国鲁国的历代国君都没有实行过，我们何必去实行呢？”

又有人说：“这样做，耗费太大了。”

当时议论纷纷，众说不一。

太子也觉得难办，又把然友找来，对他说：“我过去不曾搞过学问，只喜欢跑马舞剑。今天，我要实行三年之丧，百姓和官吏都不同意，恐怕这一丧礼我难以实行，请您再去替我问问孟夫子吧！”

然友受太子的委托，又匆忙坐上马车去请教孟子。孟子听了然友介绍后，严肃地说：“唉，这么一件事，太子何必老问别人呢？孔子说过：‘国君死了，太子把一切政务交给相国，在孝子之位痛哭就是了。这样，大小官吏没有人敢不悲哀的，因为太子亲身带头的缘故啊！’国君的作风好比风，百姓的作风好比草，风向哪边吹，草自然向哪边倒。这件事，太子的态度一定要坚决。”

太子听了然友的汇报后，坚定地说：“对，这应当取决于我。”

于是，太子在丧棚里住了五个月，不曾亲自颁布过任何命令和禁令，这样一来，官吏们和同宗族的人都很赞成，认为太子知礼。

五个月过去了，到举行殡葬的那天，各国都派使者来吊丧，四面八方的人都来观礼，太子面容悲哀，哭泣哀痛，参加吊丧的人也都哀之。

后来孟子宣扬的厚葬久丧，已没有人尊奉了，但他提倡的尊敬父母兄长，感激父母的养育之恩已成为美好道德风尚。

# 10. 缇萦上书救父

缇（tí）萦是汉文帝时太仓长淳于意的小女儿。他父亲淳于意，是个精通医道的有名医生。后来他回家专门行医后，治好了不少疑难病，有钱没钱，他都给细心地瞧脉看病，因此，远近患者，应接不暇。

一天，淳于意要出门办点急事，就在大门外贴了一个告示：“这两天有事出门，暂不看病，请谅。”不巧有个地方上的大官得了个急病，老远的慕名而来，竟不在家，便立即派人去找，差人刚走不久，那官人就在淳于意的大门外病死了。这可吓坏了那官人的几个手下人，为了推卸责任，他们竟编了一个故事，回禀说：“看错了脉，耽误了病，不然不会死的。”这可气坏了病人的家属，他们仗着官势，也不问个青红皂白，第二天便领着县里的公差登门抓人。

淳于意到家还没来得及看一眼妻室，就被公差抓走了。公堂上不容申辩，硬说他行医害人。判为“刖刑”（古时肉刑的一种，割去脚）。

因为淳于意当过太仓长，是朝廷命官，判罪需有皇帝的批准，才能最后定罪行刑。这样就得把淳于意押解到京师去。

淳于意没有儿子，只有五个女儿。其中有一个名叫缇萦。别看她年纪小，又是个女儿身，可从小就与众姐妹不同，特别刚烈，又有心计。她想，这不是以势压人，颠倒黑白吗？病人来看病时父亲不在家，有墙上的告示为证，怎么谈得上行医害人呢？我要到京师去说个明白。她把自己的想法和众姐妹说了一遍。大家都为她捏了一把汗，可想到小缇萦的倔强，谁也没出面阻拦，大家只是说了些一路上要十分小心的话。

父亲被押解进京那天，小缇萦早早地便起床了，洗了把脸，找齐了必备的用品，打了个小包，辞别了众姐妹便上路了。

在一个十字路口，她等待着父亲。终于看到父亲了，几天不见，父亲苍老多了，又戴着刑具，小缇萦心疼地哭了起来，一下子扑在父亲身上，抽泣着说："我护送您上京去，路上我一定照顾好您！"父亲愣住了，忙说："你还小呢，又是个女儿家，怎能受得了路途的艰苦呢？"小缇萦坚持要去，毫不犹豫地说："我就是要去替父亲申冤。"说完便径直朝前走去。

解差们明明知道淳于意是冤屈的，本来就抱有同情，小缇萦的孝心和勇气更使解差感动，一路上没有为难他们。小缇萦又聪明机警，一路上照顾父亲确实是很周到，父亲少遭了不少的罪。

到京后，小缇萦就给皇帝写了信，诉说父亲的冤屈，要求免除父亲的"刖刑"。信中说："我父亲为官清廉，行医有术，现被人诬告受'刖刑'。人一受'刖刑'，不死也得残废，有罪，则失去了改过自新的机会；无罪，则无法弥补了。我甘心情愿卖身为奴，替父亲赎罪。请皇帝明察。"

汉文帝见缇萦人不大，对父亲的孝心却不小，说的道理也挺深刻，一时动心，就赦免了淳于意，让他领着小缇萦回家了。

后来，汉文帝也发现使用"刖刑"的坏处，常常冤枉好人，而无法纠正，就下令废除了"刖刑。"

## *11.* 薛包对继母的孝行

薛包，字孟尝，汉安帝时汝南人。

他年轻时就勤奋好学，对人厚道，懂得礼貌。母亲常年疾病缠身，卧床不起，薛包求医煎药，端水送茶，问冷问热，伺候得非常周到。于是他孝敬老人的名声，便传遍了乡里。

母亲去逝后，父亲又娶了一房妻子。为了讨个好名声，继母对薛包大面上总还过得去。但时间一长，就容不得了，开始在父亲面前说薛包的坏话。天长日久，父亲信以为真，就叫薛包出去自己过。薛包不忍抛下父母自己另过，就日夜哭泣。这下可惹恼了父亲，竟用棍杖把薛包赶了出去。

薛包无奈，只好在院外搭个棚子，晚上睡在那里，早晨起来还是回到家里，洒扫庭院。父亲还是逼他走，他实在没办法了，只好在庄外搭个小棚，住在那里，早晚还是回家来洒扫院子，干些伺候父母的零活。不管刮风下雨，还是大雪飞扬，一年多来从不间断。薛包的孝心终于感动了父亲和继母，又准许薛包搬回家住了。

薛包回家住之后，更加孝敬继母，关心体贴，竭尽孝心。在继母病重时，他问病求医，煎药送水，时刻不离。白天，渴不思饮，夜晚，衣不解带。直到继母去逝，从无倦怠之意。

父母双双过世之后，继母生的弟弟要求分家。薛包一再劝阻，仍是无效，便主动把好的房屋、田地、器物、能干的佣人，留给了弟弟，自己把老得不能干活或无家可归的佣人领去，他说："这些老人和我同事多年了，你不能使用他们啊，跟我去吧。"田地，他拣荒芜贫瘠无法耕种的要，房屋，他拣破旧要倒坍的要，他说："这是我年轻时所经营的，我很留恋这些土地和房屋啊！"器具物品，他拣破烂的要，他说："这些器具物品是我平素吃穿用的东西，适合我的身体和口胃啊！"

弟弟好吃懒做，不务正业，不久，就把分得的家产全卖光了。薛包就经常周济他，不袖手旁观，也不埋怨挖苦。乡里人有的说："你弟弟游手好闲，对你又不好，也不是一母所生，有钱也不能给他呀！"薛包笑着回答说："兄弟团结友爱，也好让九泉之下的老人放心哪，这也是尽孝心呀。"

汉建光年间，薛包的孝行，传到了京城，得到了皇帝的重视，公车特召他当侍中官。

## 12. 孔奋孝母

孔奋，汉代扶风（陕西凤翔）人。他从小就懂得事理，听从父母的教导，帮父母干力所能及的活，从不惹父母生气，不叫父母为自己操心。少年时就以孝敬父母闻名州里。

父亲去世之后，他为了减轻母亲的思念、悲痛和孤独感，侍奉母亲更加周到，待人接物，为人处事更加谨慎，以免母亲为自己操心，或觉得生活不便。每天早晨起床后，第一件事就是到母亲屋里去请安，问寒问暖，问睡问食。直到母亲说："忙去吧！"才肯离去。之后，他便和妻子一起安排好母亲一天的饮食。总不忘嘱咐妻子一定要把饭菜做好，香甜可口，好好让母亲吃得高兴。每天晚饭后，不论忙或闲，都要到母亲房里去坐坐，谈谈家务，说说见闻，为母亲解闷，听母亲教导，了解母亲起居和身体情况。邻里们常在孔母面前夸孔奋孝顺，孔母听在耳里，乐在心里。孔奋对母亲的孝心在当地影响很大，他在当地的名望越来越高。

后来，当了地方官，他廉洁奉公，崇尚节俭，在当地形成了风气。他当了官，身价高了，对母亲的孝敬不但没有减弱，反而更加无微不至，细心周到。他把每月领到的薪俸，首先给母亲买足食用的物品，保证母亲吃得可口，穿得舒适，余下的钱，全家才能动用。因此，他和妻子、孩子经常吃粗食淡饭。

孔奋紧衣缩食孝敬母亲，博得了乡里、亲友和同僚的普遍称赞。人们议论道："孝敬老人，让老人吃好穿暖，很多人都有这样的愿望。但各个人的情况不同，一家人生活的物质条件又是人人有份的，像孔奋那样，从家人身上节俭下来钱去孝敬母亲，确实是很难得的啊!”

## 13. 江革背母逃难

江革，东汉临淄（山东临淄）人。他家里很穷，父亲又早逝，江革总是想方设法侍奉好母亲，宁可自己忍饥挨饿，也让母亲吃饱穿暖。

汉章帝时，临淄地方很乱，从山里流窜来的土匪很厉害，到处抢劫杀人，弄得人心惶惶，经常得外出逃难。

连日逃难，四处奔波，常常饥无食，渴无水，母亲经不住忧劳，病倒了。时值黑夜，上哪去找医生呢？江革跑了半夜，好不容易才找到个医生，抓了副草药。母亲吃过一剂，病情稍有好转。天刚亮，江革就给母亲煎第二副药，药还没有煎好，就听有人喊：“土匪来了，快跑啊!”

江革出门看时，只见逃难的人流，在飞扬的尘土中流去。江革忙回到屋里，提起药壶，背好母亲，便连跑带颠的朝逃难的人群赶去。

跑着跑着，江革母子就被逃难的人群给拉下了，不一会儿，土匪们就追上来了，拦住了江革，只见江革手里提着一个药壶，背上背着一个面如土灰的老太太，累得上气不接下气地，就问是怎么回事。江革说：“我是个穷百姓，母亲有病，我不能扔下母亲，自己去逃命，就背母亲，带药壶逃难。真的，身上没带什么钱财，就开开恩，放过我们母子二人吧!”土匪们听他说的是实在话，见他提着药壶，背着母亲，累得疲惫不堪，确实是个大孝子。江革的孝心，竟打动了土匪，土匪们一时良心发现，不但没有杀害江革母子，而且还指给了平安的去处，孝心使江革幸免于难。

为了挣钱供养母亲，江革给人当了长工。有时入不敷出，还得借钱。但不管生活怎么困难，江革总是让母亲吃饱穿暖。有时怕母亲天天倒在床上苦闷，就用车拉着母亲村里村外的走走。他关心体贴母亲，说话总是和颜悦色，使母亲愉快地度过晚年。乡里的人都称赞他，给他送了个外号：“江大孝子。”

## *14.* 班固孝继父业

班固（公元 *32—92*），字孟坚，东汉扶风安陵（今陕西咸阳市东）人，是中国古代著名的史学家、文学家。

班固出生于封建官宦家庭，又是儒学世家。其父班彪，字叔皮，为人性情沉静稳重，博学多才，善于著述。班固之所以能成为一个著名的历史学家，与班彪的教导和影响是分不开的。

班固在父亲教导与影响下，自幼聪明伶俐，*9* 岁就能作文。*16* 岁入洛阳太学读书。青年时期博览群书，对于诸子百家各种学术流派的观点，细心加以探讨。班固治学注重了解文章大意，而不在分析字章上下工夫。他为人宽厚、谦虚，从不以自己才学过人而自恃，因而深为时人所敬慕。

班固 *23* 岁时，其父因病逝世。当时他正在洛阳太学读书。当他听到父亲病逝的消息后，悲痛至极，他匆匆赶回家中为父居丧。在此过程中，他一面缅怀父亲生前对自己的教诲，一面潜心阅读父亲遗作。在通读《史记后传》之后，他发现很多地方记叙的还不够详细，于是，他决心完成父亲未竟的事业，以尽孝道。

班固开始大力搜集材料，改订体例，准备在《史记后传》的基础上编撰《汉书》。可就在他埋头编撰过程中，有人诬告他私自改作

“国史”，而被捕入狱，书稿也一并被抄去。

其弟班超闻讯上书，才救了他。当时明帝看了他的书稿，不但赞赏他的史学才能，而且召他到京师任兰台令史，掌管宫庭藏书，并进行校勘工作。第二年被提升为秘书郎。班固充分利用这个有利条件，典校秘书，编著国史。明帝非常高兴，命他继续撰写班彪未写完的《史记后传》。

这是他完成父亲未竟事业的大好时机，于是他又着手撰写《汉书》了。经过20余年的不懈努力，到汉章帝时，《汉书》才大体写成。

《汉书》内容丰富充实，保存了大量原始资料，而且语言精练，词简意赅，结构严谨，对人物的描写尤为细腻、生动，跃然纸上。它真实地记录了当时社会的现状与阶级矛盾，客观地反映了统治阶级的腐朽与罪恶，对民间疾苦寄予一定的同情，歌颂了一些英雄，爱国人物。总之，《汉书》不仅是一部有重要史料价值的优秀历史文献，而且也是一部杰出的散文巨著，在文学史上有重要地位。

## 15. 黄香扇枕温席

黄香，东汉时期江夏（湖北云梦县东南）人。

他小时候，生活很艰苦，九岁时死去了母亲，父亲年老多病，家务劳动的重担，多半落在小黄香的肩上了。

母亲去世前，病了好一阵子，小黄香一直不离左右，由于劳累和悲伤，身体消瘦了，脸色发黄了，母亲心疼得恨不得马上死去，好使黄香得到解脱。

母亲真的离开了小黄香——永远地离开了。小黄香悲伤得死去活来。身体彻底地垮了，几乎不能劳动了。亲友们劝他，父亲开导他。小黄香左思右想，终于想通了，人死不能再生，自己把身体搞坏了，父亲谁去伺候，不如把想念母亲的心，用到孝敬父亲上。从此，他关心照料父亲，家务活自己都承担起来，不让父亲操半点心。

他家住的房子很矮小，在骄阳似火的夏季，晚上屋里不但热气长时间不消失，而且还有蚊子。小黄香为了让父亲休息好，晚饭后，总是拿着扇子，把父亲屋里的蚊子苍蝇扇跑扇净，还要扇凉父亲睡觉的床和枕头，使父亲早些入睡。

在寒风刺骨，雪地冰天的冬季里，屋里没有任何取暖设备，为了让父亲少受冷挨冻，早早给父亲铺好被，自己脱下衣服钻到被窝里，用自己的体温，温暖了被窝之后，才让父亲睡下。

九岁的小黄香就是这样孝敬父亲。他自己在冬天穿不上棉裤，盖不上棉被，从不叫一声苦。他从不叫父亲为难，自己想方设法去克服困难。他整天欢欢喜喜，蹦蹦跳跳，充满了乐观向上的精神。

他孝敬父亲的品德得到了邻里的赞扬，还得了皇帝的嘉奖。他学习也很好，人们称他是“天下无双，江夏黄香”。

他后来当过尚书令，创造了很好的政绩。

## *16.* 廉范笃行孝道

廉范，字叔度，后汉京兆杜陵（长安东南 *50* 里）人。年少时，父亲在四川遭遇丧乱，客死在异乡。他长到 *15* 岁时，就急于去四川接父亲遗骨归乡安葬。当时蜀郡太守，原来是他父亲的部下，拿出很多钱，资助他迎丧。他婉言相拒，认为用别人的钱迎骨，对父亲不够孝敬。

他步行背遗骨到了葭萌，后又乘船于白水江（四川昭化县西北），不幸小船触礁，别人都弃物逃命，他却抱着遗骨不放，眼看就要被淹没于水中。其它船上和岸上的人被他的孝行所感动，便七手八脚地用绳索铁钩把他捞到岸上。经多方抢救，他才脱险。历尽艰难险阻，他终于把父亲的遗骨安葬在了家乡的土地上。

后来，他到公府当了府椽（文书），正赶上他的老师薛汉因参与楚王谋反而被杀。没有人敢出面收尸，廉范左思右想，感到无论如何也不能让自己的老师暴尸荒野，就冒着杀头的危险，前去收尸。后来被人告发，汉显宗特别恼火，问他为什么去收尸。廉范说："薛汉谋反应该杀头，但他是我的老师，学生怎能让自己老师的尸体弃于荒野呢？收尸只是师生之情，绝没有其它任何原因，愿领受处分。"显宗知道他是廉颇的后代，也知道他和谋反无关，便放了他。从此，他得了个好义的名声。

永平（汉明帝年号）初年，他应陇西太守之请，当了公曹。到任不久，他就断定太守要蒙难入狱，便辞去了功曹，隐名埋姓，到洛阳去当了狱卒。时过不久，太守果然被解到洛阳下狱。在狱中太守得到了廉范的保护和无微不至的关照，少受了很多罪，内心十分感激。廉范说，你聘请我是情，我照顾您是义，人应该有情有义呀。后来直到太守死去，安葬完毕，他才离开洛阳。

廉范以孝义而出名，当了云中太守。这时正赶上匈奴入侵，他带领本部少数人马，孤军奋战，机智勇敢地打败入侵的匈奴。因功调迁蜀郡太守。到任后，顺从民意，兴利除弊，使蜀地百业俱兴，得到了百姓的拥护和颂扬。

廉范急功好义，忠勇报国，当时人们都说："孝是做人的根本，廉范孝敬父母，对朋友竭尽忠诚；在国家有难的时候，机智勇敢，不怕牺牲，报效国家；在看到百姓痛苦的时候，能施恩于民，兴利除弊。这都是他笃行孝道的具体表现啊！"

古人云："忠臣出于孝悌之家"，一点也不假呀！

# 17. 李密孝敬祖母

李密，三国时蜀武阳（四川彭山县）人。在他刚满六个月的时候，父亲因病早逝。母亲一人既要抚养密儿，又要伺奉婆母。生活虽苦些，但看着密儿一天天长大，也就不觉得苦了。

天有不测之风云，在李密四岁的时候，他舅父非逼迫妹妹何氏改嫁不可。母亲拗不过舅父，只好含着热泪嫁人了。从此李密便成了一个孤儿了。他家里就只剩他与祖母了，抚养他的重担就落到祖母的肩上了。

祖母刘氏年老多病，但她是个有志气，十分刚强的人。望着自己可怜的孙子孤苦伶仃，心像被针扎，难过极了。她鼓励自己要顽强地生活下去，一定要把孙儿抚养成人，绝不能断了李家的香火。

李密小时，因过早地失去了母爱，曾一度体弱多病，九岁时才能自己走路。但他非常聪明，读书能过目不忘。他和祖母相依为命，从小就知道心疼祖母，听祖母的话，从不惹祖母生气。他和祖母形影不离，还常常逗祖母发笑，用笑声去安慰祖母。自己能干活了，就帮祖母多干些家务活，尽量减轻祖母的负担。他勤恳劳动，用心读书，处处事事都让祖母宽心，获得欣慰。

有一次，祖母病了，他周到备至地侍候祖母，晚上不脱衣裳睡在祖母身旁，给祖母吃药、喂饭、喂水，都是自己先尝一下冷热，然后才喂祖母，给祖母洗脸、更衣、端屎、倒尿，一刻也不离左右。在李密的精心护理服侍下，祖母的病终于治好了，李密别提多么高兴了。祖母逢人就夸自己的孙子孝顺，说自己的心血没有白费。

李密 *44* 岁那年，祖母已 *96* 岁了。这时，晋武帝启用他当侍奉太子的东宫洗马，并命令地方官催他上任。李密想到祖母享受人伦之乐的时光已经不多了，自己自幼就在祖母的身边，一但相别，对年事已高的祖母肯定是一次严重打击，思念会使老人躺倒的。于是他写了一篇《陈情表》给晋武帝，诉说他的处境，说明不能到任就职的原因。他在《表》中热情洋溢地写道：“没有我的祖母，就没有我的今天，今天祖母没有我，就没法度过晚年了。我和祖母互相依靠，相依为命，才得以活到现在。现在祖母年迈，我必须侍奉她老人家。”李密孝敬祖母的真心诚意，深深地打动了晋武帝，不但没加怪罪，而且批准了他的请求。

后来，祖母病故了，李密痛不欲生。直到服丧终了，他才应召出来上任做官。

## 18. 马钧孝母改织机

马钧，三国时代魏国人，家住陕西凤县，是“丝绸之路”经过的地方。马钧的母亲就是织绫的。

因家境贫寒，无钱上学读书，马钧就在劳动中学习手艺，如雕木偶，结鱼网，修理农具、家具等等。他对母亲非常孝顺。

母亲织绫用的织机，十分笨重。为了织花，人们把织机上的经线分成60综，每一综用一个小踏板操纵，60综，就用60个踏板来操纵，每织一根纬线，要踏60块踏板。这样，操作起来既费力，又低效。

马钧见母亲每日操作这样笨重的织机，累得疲惫不堪的样子，心里非常难过。心想：“自己整日修这修那，为什么不改进改进织机，来减轻母亲的劳动呢?”

有一天，他看见一个小男孩用一根绳子系在核桃树上采核桃，只用力一拉，核桃便哗啦哗啦往下落。马钧想：“这要比上树用手一个一个去摘省劲儿多了！”这时，他灵机一动，计上心来，扭头就往家跑。进屋后，一头扎到织机旁，摸摸这，看看那，最后目光落到踏板上。“对，就从这里下手来改进！”于是便开始量尺寸，试样子，之后将锛、刨、斧、锯全找来，动手制做。忙了好几天，终于做出20块踏板，外加一些关联部件。经过紧张地安装之后，他亲自坐上织机试踏。他踏下一块板，经线就能提起10综来。马钧一看，心想：“有门儿！”母亲见马钧如此高兴的样子，也喜在心头。她想：“儿子为了减轻自己的劳累，不辞辛苦，改进织机，真是个孝顺的孩子！”

马钧虽说很高兴，但仍不满足现状。他想：“既然能从60块踏板，减少到20块踏，为什么不能再设法减少一些呢？”于是他连夜研究改进，母亲感动得亲自提灯为他照亮。终于，减少到12块。

母亲坐上儿子为她改进后的织机，织起绫来既轻又快，心里甭提多高兴了！

这种新式织机，很快便推广开来。马钧这个大孝子的名字，自然也传扬开来。当时洛阳城的魏明帝闻知此事，召马钧进京。并封了个给事的官给他。可马钧对此并不感兴趣，他千方百计抽时间致力于机械方面的研究，后来竟成为三国时代魏国杰出的机械发明专家。

## 19. 王祥孝感继母

王祥，字休征，汉末晋初人，魏晋时先后任太尉、太保等职。以孝敬父母著称于世。父母有病，王祥不分昼夜，衣不解带，侍奉于床前。汤药煎好后，用口吹凉，再亲自尝尝，然后毕恭毕敬，送至父母床前，等待父母喝后才肯离去。

王祥生母薛氏因病过早去世，继母朱氏性情乖戾暴躁，心胸狭窄，一发脾气几天都不过劲。背后屡次向王祥父亲告状，说王祥的坏话，因此王祥失爱于父，经常受到父亲的斥责，以至怒骂，每天都让王祥做各种繁重的家务活计，王强虽年小体弱却一声不响地干活，从无怨言。

继母朱氏经常吃新鲜的鲤鱼，不管什么样的天气，王祥都千方百计弄到鲤鱼。有一次正值数九隆冬的季节，王祥急忙赶到村外河边，正准备用斧子凿开坚冰，想解开衣带进入寒冷的河里去捉鲤鱼，寒冰竟突然裂开，两条鲤鱼跃出，王祥急忙捉住，回家做好“鲤鱼烩”，给继母送去。

继母又想吃“黄雀炙”，王祥几次进入深山也没捉到一只黄雀，后来竟有十几只黄雀突然飞入室内，王祥喜出望外，把捉到的黄雀送给继母。

王祥家庭院里有一棵李树，所结的李子味道鲜美，继母害怕邻人摘吃，就命令王祥在树下护守。白天不让鸟雀落树，夜里防备老鼠食李。一天夜里，狂风骤起，下起瓢泼大雨，王祥抱住树干大哭，深怕李子坠落，一直守到天明，继母有些过意不去。

王祥弟弟王览系继母朱氏所生，继母爱之如命。王览六七岁见母亲经常打骂王祥，王览哭着用身体遮护哥哥，十几岁时就经常劝说母亲不要虐待哥哥，朱氏有所收敛。朱氏仍然寻衅找岔无理刁难王祥，并苛待王祥妻子，祥妻侍候朱氏如常。

一天夜里王祥在床上睡觉，朱氏蹑手蹑脚到床前举斧砍去，正赶上王祥已经起身，只砍坏被褥，她急忙逃走了。王祥知道是继母所为，就赶到继母前，跪下请死，朱氏羞愧不已。

王祥父亲去世后，家庭重担落在王祥肩上，每天起早贪晚操持家务。他为人厚道，品行端庄，见义勇为，誉满乡里。朱氏嫉恨在心，暗里将毒药放入酒里，使人送给王祥，弟弟王览知道底细，径起取酒。王祥也怀疑酒里有毒，争而不与，朱氏只好夺下酒急忙跑了。从此朱氏送给王祥的饭菜，王览都抢先尝尝，朱氏怕误毒王览，就不再往饭菜里下毒了。王览深受哥哥熏陶感染，“孝友恭恪，名亚于群”，当时传为美谈。

王祥几十年如一日孝敬继母，有求必应，终于以孝心打动继母的心弦，母子感情逐渐融洽起来。

东汉末年，军阀混战，民不聊生，王祥“扶母携弟避地庐江”，在那里隐居三十余年，魏国多次征召，也不前往就职。王祥小心谨慎孝敬继母，直至继母去世后，丧葬完毕，他已年近六十，才去徐州任别驾，协助徐州刺史吕虔勘乱，使“州界清净，政化大行”，时人歌之曰：“临沂之康，实赖王祥，邦国不空，别驾之功。”

王祥在西晋任太保之职，位居三公，“高洁清素，家无余宅”，为政清廉，勤俭持家，病重遗令子孙丧事从简，“家人大小不须送丧”，当时传为佳话。

## 20. 韩康伯替母分忧

晋朝时候有个韩康伯，小时候家里很穷。冬天，他连棉衣都穿不上。小康伯体谅母亲的难处，从不向母亲要吃要穿，时常说些可笑的话，去排除母亲的忧虑。

又一个冬天到了，老天爷好像故意和穷人做对，天气特别的冷。结冰了，飞雪了，小康伯还是穿着单衣单裤。母亲看着孩子冷得浑身发抖的样子，心里十分难受，求亲告友，东挪西借，凑了一点钱，回家一算，仅够做一件棉袄的，棉裤还是没有着落。

怎么办，先把棉袄做了再说吧。母亲赶忙到市上买了块最贱的布，回到家里就忙着给小康伯裁棉袄，边裁边安慰儿子说：“好孩子，等妈给你做好了棉袄，就再厚着脸皮去借点钱，给你做棉裤。”说着说着眼泪便流了出来。

这时小康伯正帮着妈妈拿熨斗熨布料，看着妈妈哭了，心里特别难受，怎么才能去安慰妈妈呢？看着被炭火烘热了的熨斗，他有了主意。他握着熨斗把，好像有重大发现似地说：“妈妈，不必做棉裤了，我穿上棉袄，全身上下都会暖和的。”

母亲停止了哭泣，瞪大了双眼，疑惑不解地问道：“傻孩子，光穿棉袄，不穿棉裤，怎么能全身都暖和呢？”

韩康伯指着熨斗调皮地说：“妈妈，您看，这炭火在熨斗里，连熨斗把都被烘热了。根据这个道理，我穿上棉袄，下身也会变，暖和的。”

母亲被小康伯稚气的话逗乐了，知道这是说笑话来安慰自己，哪有光穿棉袄不穿棉裤，下半身也会变暖的道理呢？

有这样的懂事孩子，自己就是再苦、再累、再难也值得。母爱，和对孩子的热切期盼，给了她多么大的生活的力量和勇气啊！

## 21. 王延孝感继母

王延，字延元。是晋代西河人。他九岁的时候，母亲因病去世了。王延多年哀伤，几乎使自己失去自理的能力而成为疯子。每当到他母亲忌日那一天，他就跑到母亲坟前哭拜，常常是连续十几天也不中断，亲友们苦苦相劝，他才依依不舍地离开坟地回家。

后，王延的父亲又娶了一位妻子，是卜氏之女。卜氏对王延极其刻毒，总是看不上他。冬天做棉衣的时候，就用蒲草和烂麻皮当棉花给王延做了衣服，又破又短，根本不能御寒。王延的姑姑听说以后，急忙跑来询问。王延却一字不提，还请求姑姑不要去质问继母卜氏。从此以后，王延为了不惹继母生气，不让父亲、姑姑操心，对继母更加恭敬了。

有一年，正值隆冬盛寒时节，继母卜氏突发奇想，想吃鲜鱼。于是她就责令王延到集市上去买，因为根本没有人卖鱼，所以王延也只好空手而归。卜氏一见，勃然大怒，操起一根木棍把王延狠狠打了一顿，直打得遍体鳞伤才罢手。王延拖着满是伤痕的身子，跑了几里路到汾河上去凿冰打洞，准备抓鱼。他用绳子绑住一个大竹筐放到冰河里，一直等到天黑，提起来一看，果真有一条大鱼，王延高高兴兴地捧着活蹦蹦的大鱼跑回家，恭恭敬敬地给了继母卜氏。继母在冬天吃到新鱼，对王延的孝行有所感动。打那以后，对王延的态度也逐渐变得温和了。后来终于把王延看成亲生儿子，为他张罗找先生，叫他读书。

继母卜氏态度的转变，王延对继母更加孝顺了。盛夏酷暑，他拿扇子为继母扇风；隆冬严寒，他替继母暖被窝。虽是严冬，他衣衫单薄，却时时想着继母的温饱，问候起居。亲自做饭做菜，尽量让继母吃得有滋味。白天他外去做佣工，晚上回家干家务，夜里读书写字，常常是达旦而止。就这样，几年以后，他经史群书都能通晓大义。有一次州郡官员请他去做官，他以侍奉继母太忙，没有空余时间为理由非常干脆地推辞掉了。继母卜氏在王延的细心照料下，高高兴兴地度过了晚年。

## 22. 盛彦吐哺待慈母

盛彦，字翁子，西晋广陵人。

少年时代便很有才能，当时有一位太尉叫戴昌的曾以赠诗形式考查他，盛彦面对满座官僚文士，慷慨作答，没有一点理解错误的地方，受到文士们的赏识。

盛彦的母亲王氏非常勤劳节俭，不仅亲自操持家务，还时时督促盛彦读书识字，教他以礼待人……后来，由于过度操劳，得了一场病，连眼睛也跟着瞎了。家里虽然雇了一个女仆，但是许许多多的事都落在了盛彦身上，他一边帮母亲安排日常生活，一边拼命读书，他的才干也越来越受人重视了。成年以后，官府鉴于他极有才名，多次征召他去做官，盛彦每次都是以母亲病势沉重而推辞了。每当谈到母亲双目失明，日常生活很难自理，重病缠身的情形时，盛彦就止不住悲伤，痛哭失声。他每天每顿饭都要亲手喂母亲吃饭，凉、热、咸、淡都是他先尝一尝，有时侯，饭菜如果稍微硬一点，盛彦就自己先嚼一遍然后喂母亲。这样坚持了好多年，他母亲的病多少有一点好转。他母亲病了好久好久，女仆当然会受累，于是暗暗产生了怨恨的心情。有一回，盛彦外出办事，上午也没回来，那个女仆就生出了坏心，到屋子后面的菜地里捉了一些金龟子（吃植物根茎的小虫）的幼虫，放在瓦片上烤熟了给盛彦的母亲吃，还撒谎说是好东西。她吃了一些，觉得很好，于是就以为这确实是难得的好东西，顺手捏了一点偷偷留了起来。后来，盛彦回家了，他母亲把烧熟的金龟子给他看。盛彦一看，立刻跪在母亲面前，哭着向母亲陪罪，深责自己照顾不周全，叫母亲遭罪了。他母亲却安慰他，“这东西吃了也没什么事，我倒觉得眼前好像有点亮堂了。”盛彦一听，异常惊喜，打来一盆清水，给母亲轻轻擦拭，没一会儿，母亲的双目就能清楚地看见东西了。盛彦这时候以为当初错怪了女仆，竟然向女仆跪谢，女仆却羞愧得一声不吭地站在那儿一动也不动。

由于盛彦孝顺母亲，善待仆人，家里越来越和睦了。

## 23. 贞孝女宗李氏的孝行

范阳卢元礼的妻子是赵郡太守季叔胤的女儿，由于她生前对长辈异常孝顺，死后被追谥为“贞孝女宗”。

李氏女十几岁的时候，父亲在住所死去了。她虽然还很小，但对父亲的死却十分悲痛，恸哭失声，多次晕厥。幸亏母亲崔氏苦心劝慰，才停住了悲泣。后来她常想念父亲，偷偷地哭，几年下来，瘦得连站起来都困难了。后来她嫁给了卢元礼，离开了家，也离开了母亲。她天天想家，夜夜不成眠，饮食也一天天地减少，身体也一天天地瘦弱了。卢元礼家里人一齐劝解，还是不顶事，只好把她送回娘家。可是过几天回到卢家后，仍然像以前一样。卢元礼的母亲为了让她安心，反反复复来回送接了八九次。几年以后，卢元礼死了，李氏追思夫婿心情悲切，常常废寝忘食。但她从来没有忘记安慰婆婆，照顾婆婆。晨昏起居，适时问候，从来也不耽误。织布裁衣，煮饭做菜，从来不让婆婆伸手。婆婆身体不适的时候，她一定延医买药，直到康复她才安下心来。

不久，李氏的生母崔氏病故了。家里派人把噩耗告诉她，李氏初闻凶讯，立刻恸哭起来，哭着哭着就晕过去了，一宿到天亮才苏醒过来。一天天什么也吃不进，身体也日渐虚弱。婆婆担心她一个人回娘家有困难、有危险，就决定亲自送她回娘家奔丧。一路上历尽艰辛，跋山涉水，搭车乘舟，好歹才回到了家。李氏见到母亲的棺木，摇摇晃晃地跑上去，伏在棺材上大哭起来，哭了一会她就哭不出声了……婆婆和她的兄嫂们急忙解救，好一阵子才醒过来。几天后，婆媳俩回了家。从此以后，婆媳间更加亲近了。

当时的官府为褒扬她，把她居住的地方更名为孝德里。

# 24. 拓跋宏为父吸痈

拓跋宏是北魏时代一个很有作为的政治家。在他很小的时候，父亲魏献文帝就把他立为皇太子。

拓跋宏幼年丧母，他的祖母冯太后把他抚养成人。冯太后是一个很能干的女政治家，但是极霸道，在处理朝政的时候，常常与魏献文帝产生分歧。

皇帝和冯太后关系紧张，作为皇太子的拓跋宏有些事就特别难办了，但他很会处理复杂的宫廷关系。由于拓跋宏是由冯太后抚养成人的，他尊敬祖母，听从她的教导。专横的冯太后觉得拓跋宏这个年幼的小孙子比当皇上的儿子好控制，总想让小孙子早点继位当上皇帝。为了达到这个目的，甚至想谋害魏献文帝。

拓跋宏年纪虽小，却是个十分懂事，对父亲极孝顺。他从来不依仗着祖母对他的恩宠对父亲施加压力。

一年，在复杂的宫廷斗争中，魏献文帝一急之下，后背上长了一个毒痈。太医们用了各种各样的药，病都不见好。冯太后见了很高兴，她想，要是皇上长的毒痈治不好，他一死，我就把皇孙宏儿扶上金銮殿当皇上。

可她的孙子却不这么想，他天天跑到父亲的寝宫探视。

父亲背上的毒痈越长越大，疼得魏献文帝额头上冒出冷汗，在床上翻来覆去地大喊大叫。拓跋宏很难过，他守候在父亲床前，宫女送来的药，他总是先亲口尝一尝，然后再让父亲喝下。

可是，一连吃了几剂御医开的药，毒痈并不见下去。夜间，拓跋宏住在自己的寝宫中都能听见父亲的喊声，他心里十分难过，恨不得替父亲生病。

第二天，宫中的太监们都在悄悄议论：“皇上怕是活不了几天了！”拓跋宏听了，心中十分害怕，他赶快来到父亲的宫里，见父皇背上的毒痈隆起得更高了，毒痈的尖儿亮亮的，显然里面全是脓血，有的地方已经破了。拓跋宏问太医：“是不是把痈里的脓血吸出来，父皇的病就会好了呢？”“也许……”太医惊恐地说，“臣不敢担保。”

没想到，皇太子拓跋宏扑上去，用嘴对准了父亲背上的毒痈，像婴儿吸吮奶头那样用力一吸，竟吸出来一大口脓血！宫女们都吓坏了，赶快送过清水让太子漱口。吸出了脓血之后，皇上立刻轻松了许多。过了几天，魏献文帝的毒痈消失了，病竟然完全好了。

一年以后，魏献文帝为了缓和同冯太后的矛盾，把皇位让给了儿子拓跋宏，这时的拓跋宏才只有 5 岁。把皇位让给一个 5 岁的孩子，这种做法也许是很荒唐的，但是拓跋宏孝敬长辈的品质却从此传为美谈。他就是历史上很有作为的改革家魏孝文帝元宏。

## 25. 郭世通孝行感天下

郭世通，会稽永兴人。在他 14 岁的时候，父亲得了重病，卧床不起，家里的生活越来越困难了。他只好到邻人家里做工，赚点钱给父亲求医治病，可是没有多久，父亲就与世长辞了。继母体弱多病，家里实在太穷，没有能力安葬父亲；这时，郭世通决定借钱安葬父亲，然后自己外出做工再还钱。他长大以后，娶妻生子，家里的人口多了起来，生活就更困难了。夫妻俩常常暗地里默默哭泣，一筹莫展。继母贫病交加，体弱不支，最后闭上了忧郁的双眼。亲友们看他家贫如洗，安葬继母实在困难，一齐筹措了一些钱物，帮他办了丧事。丧期满了以后，他再次外出做工，挣了钱报答亲友们的帮助。郭世通常常告诉自己的孩子，要节俭过日子，不能随便浪费粮食，也不能随便要别人的东西，更不可偷拿别人的衣物。他从来也没有忘记对父母的思念。因此，他的几个孩子也都十分孝顺、勤劳、节俭。由于他的影响，仁孝之风在他的家乡盛行起来。邻村里无论大人或是小孩没有一个直呼他名字的。

有一次，他同别人一起在集市上买卖东西，无意中多得了买主一千钱，当时双方都没有发现。等他离开以后，走了好远才突然间醒悟过来，连忙跑回去把钱还给那个人。买主十分感动，拿出五百钱给他表示酬谢，郭世通说什么也没收下。

由于他时时处处都以仁孝严格约束自己，因此同他接触过的人都十分尊敬他，也仿效他躬行孝道。不久，他的孝行传遍天下。皇上下令嘉奖他，并把他居住的独枫里改为孝行里。

## 26. 乞伏保真心事继母

乞伏保，是北魏献文帝时高车部（敕勒族）人。他的父亲乞居，曾做过散骑常侍，后封为宁国侯。乞伏保的生母死得很早，由献文帝赐给他父亲的宫女申氏作为继母来抚养他。

继母申氏性情古怪，整天板着面孔，常发牢骚，耍性子，动不动就申斥别人。由于她出身宫女，极少接触小孩，所以对乞伏保十分苛刻，根本看不到一丝笑容，也感受不到一点母亲的温情。乞伏保在她面前常常吓得两腿打哆嗦，继母骂他没有小侯爷的派头；乞伏保站直了，她又骂伏保不恭敬她。伏保写字、读书，她在旁边评头品足，时而拿起笔管敲伏保的脑门，诸如此类，不一而足。可乞伏保心里却连一句埋怨的话也没有，从来也没顶撞过一句。继母申氏以为伏保怕她，所以变本加厉，越发苛刻，几乎近于狠毒了。继母让他顶替仆人去干很重的本来他干不了的活，常打常骂从不间断。父亲曾责问过申氏，可因为是皇上赐给的宫女，也拿她没办法。伏保知道后怕父亲为难，就跟父亲说：“继母对我很好，没有她我怎么会长大成人呢，怎么会知道要尊敬长辈，要勤奋、要能吃苦呢?”父亲内心的慰藉化作数滴老泪涌出双眼。为了不让父亲分心，为了家庭的和睦，伏保更加尊敬继母了。

伏保长大以后，继承了父亲的官位，每次得了俸禄或赏赐，都完完整整地一文不少地交给继母。晚归的时候，无论公事、私事也都原原本本地告诉继母。继母年岁很大了，性情更加古怪专横了，更听不进别人的话了。后来，伏保出任大将军，因为住所离家太远，只好请继母跟他一起到住所居住，八十多岁的申氏说什么也不答应。伏保以真情相劝，继母答应了。伏保亲自扶她上车，又怕她在车上受到惊动，一路上用手紧紧地扶着车辕，步行到了住所。继母申氏高高兴兴地在住所住了三年。

## 27. 吉翂为父申冤

梁朝时，冯翊郡莲勺县有一个叫吉翂（fēn）的少年，*11* 岁的时候，他的母亲不幸去世了。他非常伤心，悲恸得连水都喝不下去，差点昏死过去。

吉翂对母亲的孝顺使亲属和邻居们都很吃惊，纷纷夸奖他说：“吉翂这孩子真懂事！”

吉翂的父亲是个清廉的县官。但为坏人诬陷，竟被判了死刑。年仅 *15* 岁的吉翂深知父亲受冤枉，于是跑到官道上拦轿为父亲申冤。

在通往官衙门的官道上，过往的大官儿的轿子很多。一有轿子过来，吉翂就扑倒在轿子前：“大人，行行好，替我父亲申冤吧！他是个好官儿啊！”说完了，吉翂大哭。那哭声让过往的行人听了，心里都很难过。

有一个大官儿终于受理了吉翂父亲的案子，却命令他父亲手下原来的一个小官吏审问他。吉翂父亲虽然是清白的，但是觉得让这些坏蛋审问自己，是极大的耻辱。为了不跟这些小吏纠缠，他含冤承认了被诬告的那些“罪行”。于是按照当时的法律他是定死无疑了。

吉翂没有办法，他千里迢迢赶到京都（建康），敲响了朝堂门前的鸣冤鼓，表示愿意替父亲去死。梁武帝心想，一个少年如此胆大而有主意，肯定有人在背后唆使，是在公开反对朝廷的判决，于是命法官将吉翂严加审讯，要求务必查出他的幕后指使者。

这一天，法官开堂审理，堂下摆满了各种刑具，两旁站着手持棍棒的差役。法官声色俱厉地喝问：“你请求代父去死，皇上已经批准了，难道你真不怕死吗？你还是个小孩子，一定是有人唆使，如果你说实话，皇上准你改过。”

吉翂毫无惧色，沉静地回答说：“我虽然年幼无知，也知道死很可怕。但我不忍心看见父亲遭受冤枉，所以请求替代父亲去死。这么大的事情，我怎能受人唆使！既然皇上已批准我代父去死，使我有个尽孝的机会，我又有什么可后悔的！”

法官看硬的不行，又来软的，装出一副和气样子，欺骗吉翂说：“皇上是个菩萨心肠的人，他知道你父亲无罪，马上要释放他。你是个孝顺的孩子，只要说出受谁指使，你们父子俩就能立即释放。”

吉翂识破骗局，大义凛然地说：“我父亲被判处死刑，已写在朝廷的文件上了，要改变恐怕是很难的，我已抱定一死，其他什么都不想了！”

法官软硬兼施，都不奏效，最后只得动用各种刑具，百般拷打。

吉翂忍着巨痛仍不开口。

法官被吉翂的孝顺、勇敢行为感动了。他认真地审查了案情，发现吉翂的父亲果然是冤枉的。法官把自己了解的案情和吉翂在大堂上的表现如实报告了梁武帝。

梁武帝大为惊奇，认为吉翂是个孝顺父母的奇少年，立即颁布圣旨，放出了吉翂父子。地方官向乡邻调查了他的品行，想推举他为大孝子，吉翂听到后坚决谢绝了。他说："父亲受冤屈，作为儿子就应该去申冤。假如我这样做是为了捞取'孝子'的名称，那同样是对父亲的侮辱。我绝不是这种沽名钓誉的下贱人！"地方官见此，也只好作罢了。

## 28. 谢蔺敬父不先餐

谢蔺，字希如，陈郡阳夏人。在他五岁的时候，有一天，他爸爸外出办事，很晚很晚也没回家，他就跑到大门外，坐在石头上张望。天黑了，已经到了伸手不见五指的时候了，爸爸还是没有回来。家里人平常总是坐在一起一齐吃饭，这时候，谢蔺的妈妈招呼他："咱们先吃吧，不用再等你爸爸了！"他摇了摇小脑袋瓜儿认真地说："爸爸没回来，我怎么能先吃呢，我一定等爸爸回来。"他一直坚持到深夜，爸爸回来了才一起进餐。这件事后来被他的舅舅阮孝绪听说了，舅舅十分感叹，高兴地说："这孩子在家里就像曾子一样孝顺，出去做官也一定会像蔺相如一样为国尽力。"于是就为他起了"蔺"的名字，希望他今后能真如蔺相如一样有才干，又给他起了一个字叫"希如"。

后来，他家里请了先生教他读书写字，先生教给他经史典籍之书，他看过一遍就全都记住了。先生考他，没有一回能难住他。他舅舅称赞说：“这孩子真是我们家的阳元啊！”

不久，他父亲因病去世。谢蔺十分悲痛，常常偷偷地哭，时常粒米无进，身体日渐衰弱。他妈妈见他这个样子，就劝慰他说：“你不能总是这么伤心。你父亲死了，无论大家怎么哭，他也不知道，更不能活过来。要是你听爸爸的话，就要好好读书，有了本事长大才能做事，才能帮我养活一家人。”听了妈妈的话以后，他果然不再像过去那样常常哭泣了，却是常常夜伴孤灯，手不释卷，学业逐日精进。

由于他很有声望，当时的吏部尚书萧子显非常赏识他的孝行和才干，让他做了地方官员。

## 29. 殷不害雪夜寻母

殷不害，字长卿，陈郡长平人。他的祖父和父亲都曾经在朝廷做过官。殷不害从小时候起就非常孝顺，在家乡邻里之间十分有名。殷不害家里世世代代都很勤俭，生活却很清贫。不害有五个年幼的弟弟，母亲身体多病，他侍奉母亲，供养弟弟，勤勤恳恳，关心备至，母子、兄弟之间，和睦融洽，生活虽是清苦，却也欢欢乐乐。

到他 17 岁的时候，朝廷征召他去做官，为官后，在政事上显示了他非凡的才能。同时，他对儒家学说也有很高的修养。他对国事十分关心，国家的刑名法度如果有不符合国情的地方，他就直言上谏，提出自己的建议。由于他的建议是来自实际调查，十分合理，因此，大部分都被采纳了。因为政绩突出，后来他被调任辅佐太子，太子登上皇位后，更加信任他。鉴于他能行孝道，皇上还赐给他母亲很多生活用品。

后来，因为有一个叫侯景的作乱，到处烧杀抢掠。殷不害的母亲在逃难途中冻饿不堪，最后死在荒野中的山沟里。当时，正值隆冬时节，大雪纷纷，天寒地冻，他不知道母亲究竟在什么地方。他披星戴月，到处寻找。凡是发现山沟里有尸体，就不顾一切地跳下去，抱起尸体仔细察看，希望能找到母亲的尸体。就这样，他找了七天七夜，才发现了母亲的尸体。他十分悲痛地伏在母亲的尸体上失声大哭，晕过去好多次。过路的人看见他的样子，很受感动，把他救醒，婉言劝慰，帮他把母亲的尸体护送回家，妥善安葬。

事后，他很想念母亲，常常痛哭而不能控制，饮食不进，身体渐衰。不久，他就辞官回家了。

## 30．秦族躬行孝道

秦族，是西魏上郡洛川人（陕西洛川县）。秦族的祖父曾为颍州刺史，父亲曾任那鄜郡守，他们两个人都是很有名望的具有卓绝品性的人。在他们的一生中，都是非常孝顺父母、忠于职守的。都因为恪守孝道而受到治下百姓的尊敬和拥戴。他们同样没有忘记教育自己的子女遵守孝行。秦族在父亲的教诲和影响下，很小的时候就知道孝敬父母了。

父亲在作郡守的时候，秦族才七八岁。平时由仆人看护、侍候，读书写字有先生陪伴，很少见到父亲、母亲。更何况父亲公事繁杂，偶尔回家也顾不上看看他们兄弟几个。父子之间并不十分亲密。可秦族常在先生面前叨念父亲和母亲，先生为情所动，替秦族转达了对父母的问候。母亲听了以后十分高兴，常把他叫到身边，嘱告他要好好读书，将来建功立业，为国为民。秦族十一岁的时候，父亲不幸病故。秦族同他的几个弟弟至哀至悲，常因想念父亲而痛哭。他们常到父亲的坟上拜祭，发誓一定尽心竭力奉养母亲，借以告慰父亲的亡灵。过路行人为他们的孝行所动，称赞他们是好孩子。秦族15岁的时候，母亲也病倒了，因为父亲为官清正，家里积蓄极少，这时早已用光了。为了养活全家，秦族叫弟弟们上午读书、写字，下午随他干活。寒暑易节之时，秦族总是最后一个换上衣服，并且是最旧最破的。吃饭的时候，他总是让母亲先吃，然后他们兄弟几个才吃，因为饭少菜也少，深怕母亲吃不饱。尽管这样，秦族的母亲因身体病弱，禁不住忧愁和病痛的煎熬，病情加重，终于闭上了满含泪水的双目，离开了尚未成年的儿子。

为了表达对母亲的追思，秦族保存了母亲的居室，只到祭日才进去表示怀念之情。乡里邻人敬服秦族，上书荐举。皇帝下令表彰他的孝行。

## 31. 乐文德赤足奔父丧

乐颐，字文德，南阳涅阳人。他少年的时候，无论是说话或做事都十分谨慎小心，待人接物也特别和蔼诚实。家里人看他这样，个个心里乐滋滋的；邻里们见他如此，人人夸赞他一定是个有出息的好孩子。他读书十分勤奋，诸子百家，儒墨法杂，无不通晓。长大以后做了京府参军，由于他能力超群，秉性忠厚，在任期间深得上司的赏识，也深得同僚们拥戴。后来，他父亲在郢州家里病故，乐颐得到噩耗以后，急急忙忙跑到上司那里请假回家奔丧。由于思亲情切，半路上他常常哭得死去活来。他想起父亲对他的养育和教诲，想起自己的成长过程，每一步都深深地印着父亲的苦心的痕迹。路上，他嫌车子走的太慢，索性跳下车子，飞一样向家乡的方向跑去，可由于感情太悲恸，没跑多久，他就累得晕倒了，醒来以后，他才发现鞋子跑丢了，脚也磨破了，血糊糊的。一个商贩看他累得实在太可怜，问明原因以后，强拉着他坐上了拉货的大牛车。就这样，一路上忧心如焚，几经周折，总算回到了家里。

乐颐年轻的时候曾经得过一场重病，他被病痛折磨得白天坐不稳，黑夜睡不安。白天，他常常躲在院子的角落里装做干活的样子，为的是不让老母亲为他担心。夜里，因为他的卧室跟他老母亲的居室只是一墙之隔，为了不让老母亲发现他的病情，于是强忍住剧痛，决不发出一声呻吟；有时他站起来走动，脚步也是轻轻的；有时他咬住被子，握紧拳头，强制自己躺在床上，所以他盖的被子也被他咬碎了一大片。在他患病期间，他也跟平时一样，按时问候母亲的起居饮食，从来没有间断过。

## *32.* 王僧儒“抄书养母”

王僧儒是南朝时期的文学家。年幼时，他家里十分贫穷，父亲无钱供他念书，他只好自学。

在王僧儒*3*岁那年的一天，地方上一个很有学问的人见他勤奋好学，知道尊长敬老，就主动问他说：“王僧儒，你想不想学《孝经》啊，如果想学，我可以教给你。”王僧儒睁大双眼好奇地发问道：“《孝经》是讲什么的书啊?”那位有学问的人向他解释说：“《孝经》是专门讲孝敬长辈的书，是教人有礼貌，懂道德，尊老敬长的。”

王僧儒高兴地点点头，说：“那从现在开始，您就教我吧!”

这个有学问的人很喜欢王僧儒，高兴地说：“只要你肯学，我一定好好教你。”

从此，王僧儒每天都学《孝经》，他早起晚睡，虚心求教，百学不厌。王僧儒十分聪明，记忆力又很强，《孝经》中很多章节他都能流利地背诵下来。一天，王僧儒正在门口背书，邻居中的一位老者见他背得十分认真，便问道：“你背的这一段讲的是什么意思啊？”

王僧儒寻思了片刻，便讲了起来。但讲来讲去自己也觉得没讲出个究竟来。就不好意思地朝老者笑了笑。那位老者十分友善地告诉他说：“你呀，能背下来不算真正学会。要真正理会其中的道理，又能按理解了的道理自觉地去做，才算真正的学到手了。”

王僧儒觉得老人说得很有道理，自己很受启发，便向老人鞠躬致谢，说：“我一定按您的指点去做。”

从此，他边学边问，边背边想，逐渐地理解了《孝经》的大意。应该怎样孝敬长辈，在自己头脑中有了具体深刻的印象。一天，父亲的友人送来了一筐李子，看见了王僧儒，就放下筐，把他叫到跟前，说：“僧儒，这李子是刚从树上摘下的，新鲜极了，先拿几个去尝尝。”说着就抓了一把，递给他。王僧儒说啥也不肯要，客人想，是不是嫌少了，就又抓了一把。没等递过来，王僧儒就解释道：“谢谢您啦，我不是嫌少。《孝经》里说过，要孝敬长辈，好吃的东西应让父母先尝，先吃。”

“好孩子，真懂事，长大了一定有出息！”友人对王僧儒倍加赞扬。

王僧儒勤学苦练，6岁便学会写文章了。7岁的时候，一天能读几万字的经书。十几岁时，写书著文，文辞华丽，情感奔放。他还擅长书法，写一手远近闻名的好字。因此，地方上很多人都请他去抄书、写字。他用挣来的钱给多病的母亲买药，买补品，还买米贴补家用。“抄书养母”，少年王僧儒孝敬老人的事迹传遍了乡里。

# 33. 魏征戏弄“假孝廉”

魏征（580—643），字玄成，馆陶（今河北）人，唐初的政治家。少时孤贫，落拓为道。唐太宗时提升为谏议大夫，一生陈谏200余事。

他小时候，爱好读书，曾有过“神童秀才”的美名。那时候，魏征家乡有个姓赵的财主，横行乡里，无恶不做。乡亲们都恨透了他。这年，他花银两向官府买了个“孝廉”美名，人们戏弄地称“假孝廉”。

这年春节，“假孝廉”对“神童秀才”魏征说：“我想借你的手使使，给我写副春联可以吗?”魏征答应下来，想了想说：“‘爆竹一声普天同庆人增寿，梅花数点大地皆春福满门’。行不行?”“假孝廉”听了，说：“人人增寿哪能行！只有我家爹、娘才配增寿。”魏征听了，十分气愤。心想：谁不知你是假孝，既不孝顺爹，也不孝顺娘，觉得爹放过羊，娘当过支使丫头，不光彩。你想图虚名吗？好！便眉头一皱，计上心来。“那就把‘人增寿’改成‘娘增寿’，贴在你门上自然是你娘了。写对子讲‘天对地，雨对风，大陆对长空’，‘娘’自然对‘爹’了。别处一点不动，你看如何?”“假孝廉”点头称是。魏征说：“那就一言为定！”“假孝廉”说：“一言为定。”

大年初一，乡亲们到各家去拜年。走过“假孝廉”大门口发现贴着这样一副对联：

“爆竹一声普天同庆娘增寿，
梅花数点大地皆春爹满门。”

凡是认字的乡民看了，都捧腹大笑。而“假孝廉”呢，在屋里十分得意。

当人们知道这副对联，是出自“神童秀才”魏征之手时，都说：“‘假孝廉’碰上真秀才，假撞真，哪有不栽的！”

## 34. 孙思邈学医孝双亲

孙思邈（581—682），出生于京兆华原县一个木工家庭。

思邈年少时，见父亲患有雀目病（夜盲症），母亲患粗脖子病，非常着急。

一天，父亲边做木工活边问思邈：“你长大了干什么？”他毫不犹豫地回答说：“我长大了要当个医生，把您的雀目病治好，把妈妈的粗脖子病也治好。”父亲听了思邈一片孝敬父母之言，十分感动，沉思片刻说：“好孩子，你要当医生，就不能像爸爸这样，斗大的字认识不了一石。咱家虽说很穷，但我就是累弯了腰，也要供你念书。明天你就上学去！”于是，小思邈就在村西一孔土窑洞里开始了他的读书生涯。

12 岁时，父亲带他到药农张七伯家做药柜。思邈见张家院内到处是草药，心想：“这下父母的病可有治了！”就拜七伯为师。过了一段时间，思邈发现，七伯识不了多少字，只是懂得一些药性，会用几个土方子，而不懂医理。七伯发现，思邈是个极聪明的孩子，自己不能耽误人家的前程，就诚恳的对思邈说：“从这往北走 40 里，是铜官县，我舅舅是那里有名的医生，这帙《黄帝内经》就是他送给我的，我读不懂，你拿回去好好读读，等长大些，去找我舅舅学医吧。”

17 岁的思邈，为双亲治病心切，不畏人生路远，终于来到铜官县，找到那位名医，可这位医生不会治雀目病和粗脖子病。尽管如此，他还是不死心，硬是拜师学习了一年。一年以后回乡行医，同时继续寻找治双亲病的方法。

一天，他给一个远道而来的病人治好痼疾，病人感激地说：“孙先生年纪不大，可医术超群，真是复生的扁鹊，再世的华佗啊!”思邈听了忙说：“哪里，哪里！我连父亲的雀目病，母亲的粗脖子病都治不好，哪敢与古代名手相比!”病人见他将双亲的病挂在心上，很受感动，想了想说：“我家住在秦岭里面，那儿粗脖子病人很多，我表妹就患了这种病，被秦岭之巅——太白山上的一位先生治好了。”思邈听了，欣喜若狂，忙问：“这位先生叫什么名字?”病人说：“叫陈元，是江南人。”

思邈一心想治好双亲的病，第二天就动身赶往太白山。*400* 里旱路，交通不便，其旅途艰难，是可想而知的。但是，思邈却以惊人的毅力战胜了旅途上重重困难，终于来到了美丽的太白山脚下，几经周折，找到了陈元。陈元并不是医生，他是从父亲那里学来的治粗脖病的方法的。思邈满怀信心的住下来，一边行医，一边同陈元采药闲聊，有意探求治雀目病的方法。

一天，陈元边采药边说：“我爹说，不知啥原因，雀目病待人不公平，专欺侮穷人，富人就不患这种病。”思邈听了，心里一动：“看来穷人一定是缺少某种东西才患这种病的。如果让穷人也吃上富人吃的东西，说不定能治好雀目病。”于是他就叫一位病人接连吃了几斤猪肉，可仍不见好。他又翻药书，见有“肝开窍于目”一条，他想：如果给雀目病人吃肝，一定会奏效的。”于是他就给一位患者买了几斤牛羊肝吃。几天后，病人大有好转，又吃了一些，病人全愈了!

思邈由此受到启发，进一步探讨粗脖子病因。几经调查研究，发现这种病同长期喝一种水有关，如何治疗，还须进一步研究。

有一次，一位猎人射死一只鹿，请思邈去吃鹿肉，他吃着吃着想起来：“吃心补心，吃肝补肝，那么吃鹿靥能不能治粗脖子病呢?”

后经实验，果然有效，而且羊靥也行。

孙思邈太白学医，不仅找到了治疗双亲病的有效方法，而且丰富了医学知识，为他后来成为隋唐时期杰出的医学家，奠定了基础。

## 35. 沈季铨舍身救母

沈季铨，唐代洪州豫章人。他从小就死去父亲，靠母亲把他抚养成人。

沈季铨自小就比一般小孩懂事，知道关心母亲、体贴母亲。他听母亲的话，还能帮助母亲干力所能及的活。

他从不和别人争论计较小事，有时有人故意逗他、惹他，无理取闹，他从不生气，总是一笑了之。时间长了，有人问他：“你怎么这样老实，懦弱无能呢?”他回答道：“为人老实有什么不好呢?”那人很不理解，叹道：“你也太不争气啦!”沈季铨只好把自己的想法都告诉他，说：“我是很老实，但不是软弱可欺。我想的是处处事事都不叫母亲操心，不叫老人操心就是对老人的孝敬。你想想，和人家争吵起来，你说人家的不是，人家反过来也会说你的不是；你骂了人家，人家同样会骂你，使父母受到侮辱，这就是不孝敬了。孝敬父母，就必须做到自尊自爱，使父母免受侮辱。这样做能说是懦弱无能吗?”

那人听了很受启发，没想到人不大，想问题倒挺深刻。这些话传到了同龄人的耳里，都不再惹逗他了，而且都十分敬重他，有的还照他的样去做，不再惹事生非了。

贞观年间，一次，他陪着母亲到亲戚家去串门，在照料母亲过江时，天突然刮起了大风，船失去了控制，母亲不幸掉到江里了。风呼啸着，母亲来不及呼救就被浊浪卷入江底。“母亲!”伴着这带有惊慌、悔恨、痛心的呼号声，沈季铨纵身跳入江中。他奋力朝母亲游去，抱住母亲，曾几次举出江面。但终因风大、水深、浪急，没能救上来。母子一起沉入了江中。

过了一天，岸上的人才发现漂浮在江面上的尸体。打捞上来时，人们发现沈季铨的双臂仍紧紧地抱着母亲的躯体，人们分都很难分开。

在当地执政的都督谢叔方看着打捞上来的尸体，十分感动。为表彰沈季铨舍身救母，至死不怠的品格，他着人买来棺材和祭品，岸边的父老也主动前来相助，把母子埋葬在江岸的高处，名之为“孝子坟”。

沈季铨奋不顾身抢救母亲，至死不怠的孝行陶冶着一代又一代的后来人。

## 36. 李晟教女孝公婆

李晟（shèng）是唐朝的一个大官，官至太尉、中书令。他有个女儿，嫁给一个姓崔的官员，按当时的习惯家人都称她为崔氏。

一次李晟过生日，大清早，崔氏就赶回家来为父亲祝寿。酒宴刚刚开始，一杯酒还没喝完，崔家的一个使女就急匆匆地走了进来，凑在崔氏的身边耳语了一阵。崔氏听完微皱眉头，寻思了一会，挥了挥手，使女便风风火火地走了。

酒宴继续进行，正当众人酒兴正浓的时候，那使女又急急忙忙地转回来，向崔氏嘀咕了好一阵，好像很为难。崔氏很不耐烦地又把使女打发走了。

李晟是个细心的人，他在高高兴兴接受客人和晚辈敬酒的时候，观察到了女儿这边的动静。找了一个机会，他把女儿招呼到自己的身边，轻声地问：“怎么，家里有什么事吧?”

“没什么，大家在给您祝寿，爹爹就不要分心了。”崔氏摇了摇头，毫不介意地说。

“不要瞒爹爹了，你家里一定有什么事，快跟我说来!”

“我的婆婆昨天夜里犯了病，今天还有些不舒服。女儿怕扫宴会的酒兴，再说婆母的病也不太重，就没有回去，已打发下边的人去服侍了，若有什么情况会及时告诉我的……”崔氏如实地回着话，语气还是那样淡淡的。

看到女儿这样漫不经心地对待婆婆的病，李晟很生气，就严肃地说：“你作为人家的儿媳妇，婆婆闹病，你怎么能不去服侍照料，却跑来为我过生日呢!”

“你过生日，女儿不在也是不孝敬啊！况且满朝文武都在，女儿于席间离开，也不礼貌啊!”女儿委曲地辩解道。

“在家敬父母，出嫁孝公婆。祝寿和服伺病人哪个更急啊？你听说婆母生病便急忙离去，客人只会夸李家的女儿有教养。相反，不回去别人倒会说闲话，因为爸爸的官职高啊!”说完，便让家人备车，送女儿回家，去照料婆母。

崔氏走后，李晟想到女儿刚才的态度与自己过去教育不够有关，心里很不安。酒宴一撤，李晟便急忙赶到女儿家，问候亲家的病情，并且为女儿今天的失礼，再三表示歉意。

亲家母被感动得流下热泪，因儿媳失礼而生的怨气，一下子全消失了。

李晟严格地要求自己，教育女儿孝敬公婆，受到满朝文武的称赞。

## 37. 欧阳修不忘母教

欧阳修（*1007—1072*），字永叔，宋代庐陵人（江西吉水县）。

他*4*岁死了父亲。母亲郑氏，是个很有志气的人，她亲自教儿子学习，当时家里很穷，买不起纸笔，便折芦苇草棍做笔，在地上教儿子写字。

欧阳修小时很聪明，听母亲的话，母亲教他读书，他总是聚精会神，听一两遍，就能背诵下来。他学习很努力，一次他得到韩愈的文稿，就手不释卷，废寝忘食地学习。*20*岁时，文章就写得很有名气了。

他反对宋初五代留下来的浮靡文风，成为北宋古文运动的首领。他性情耿直，见义勇为。庆历三年（*1043*）任谏官，以正直敢言，得到皇帝重视，面赐五品服，也因为正直敢言而多次被放逐流离。

他对母亲十分孝顺，母亲的教导，从不忘记。一次母亲告诉他说：“你父亲活着的时候当法官，经常在晚上点着蜡烛批阅文书，多次放下笔叹息。我问他为什么？他说：‘这是个判死刑的案子，我多方考虑，想让他活，可是没办法啊！’我说：‘让死者活，你有办法吗？’他说：‘我是想尽办法让死者活呀，达不到目的，那么死者和我也都没什么遗憾了。我常常想着让死者活下来，还有时置人于死地；可是现在有些人是常常吹毛求疵，唯恐犯人不死啊！’他平常多次教诲他的弟子，常说这些话，我都听得耳熟了。”

欧阳修一边听母亲讲，一边记下来带在衣袋里。后来自己遇到这样的事，就想起母亲的话，不敢有半点疏忽。

欧阳修一生为政清廉、为人耿直、为事严谨，文传后世，和他牢记母亲的教导，按母亲的教诲去学习、去为人处事分不开的。

# 38. 陈颜冒死救父

陈颜，是金代卫州汲县（河北汲县）人。

他家祖祖辈辈都是以种地为生。他父亲陈光在北宋末年，被选为“武举”。北宋官府调他当寿阳县尉，他还没来得及去上任，寿阳就被金兵攻下来了。当时他正病在汴梁城里，又赶上金兵攻打汴梁。

这时，汲县已被金兵占领了。陈颜住在家里，不知父亲病情怎样，又听说金兵攻打汴梁，心里十分挂念父亲的情况。一天晚上，他偷着出汲县城，到汴梁去探视父亲。因为他常去汴梁，路比较熟，他摸黑出城后，走小道，抄近路，很快来到汴河岸上，从芦苇深处，没人走的地方蹚过汴河，沿着河走，一直走到汴梁城，正好从河道口爬进城里。在兵慌马乱中找到了父亲住处，看到父亲病已经好了，正愁出不去城呢。于是他扶着父亲，从爬进城的那条路逃出城去，回到汲县老家。

这时汲县的金兵正在布告安民，搜查散兵游勇，让街道举报。陈颜的一家当户，不知道他父亲陈光的底细，为了表白他们自己是安分守己的良民，就检举诬告他父亲陈光勾结宋兵杀过人。

陈光被捕下狱了，在严刑拷打下，被迫招认了，在狱中等待处死。

陈颜为救父亲，四处奔波，都没有成功，最后，冒死投到太守官府，申诉父亲的冤枉，甘愿替父亲死，自己入狱，请放出父亲。姓徐的太守，被陈颜的孝行所感动，他也听说陈光是没到任挂名的寿阳县尉，不可能勾结宋兵杀人。但因为陈光自己已经招认了，不敢决定怎么办。正在这时，金朝大臣来汲县视察。徐太守便把这件事向大臣报告了。大臣传讯了原告和被告，弄清了真相，释放了他们父子二人。

## *39.* 朱丹溪改行学医

朱丹溪，*1281* 年生于浙江省义乌县。幼年丧父，与母亲相依为命。少年时代的朱丹溪，深知母亲的难处，非常体谅母亲。他母亲无力供他上学读书，他就自学。白天帮助妈妈干活，晚上挑灯读书。家中没钱买书，他就去村上一户藏书多的人家去借。就这样日积月累，他学习了很多知识，到了青年时代，就已才华出众，成为当地一位学问渊博的人。

邻里见他学问过人，劝他考科举，弄个一官半职的，日子也好过，又能光宗耀祖。但朱丹溪对此劝说从未动心，因为他一心想着致力于科学技术的研究。可是，朱丹溪后来却改学医学了，这是为什么呢？

朱丹溪 *30* 岁的时候，与他相依为命的老母患上严重的胃疼病，朱丹溪甭提有多着急了。他到处寻医问药，请了很多医生给母亲治病，可母亲的病始终不见好转。

朱丹溪见母亲病痛的样子，心里十分难过，于是他暗下决心，改学医学，亲自为母亲治病。从此，他日以继夜地钻研医学，如《内经》，《难经》等，并努力研究“望、闻、问、切”的诊病方法，尤其是研究胃病的常用药物。他不畏劳苦，亲自上山采药，亲自泡制。为安全起见，熬成后他先亲自尝试，体味药性，然后才给母亲喝。

功夫不负有心人。朱丹溪就这样，经过整整五年时间，竟奇迹般地把母亲的病治好了。乡里人都夸他是个大孝子，母亲为有这样孝顺的儿子而感到宽慰。

“老吾老以及人之老”，朱丹溪见母亲的病治好了，他决定要给更多的人解除病痛。于是他一方面继续自学医学，一方面寻访名师。一天，他终于打听到一位叫罗知悌的医生，医术很高明，就亲自登门拜师请教。而罗知悌拒不收徒。朱丹溪经过三年的努力，才被收门下。

这样，朱丹溪在名师罗知悌的精心指导下，没过几年，就达到了药到病除的程度。朱丹溪很快就成为一位远近闻名的医生。

## 40. 杜环义奉常母

杜环，明初官吏，金陵人。

杜环父亲杜一元有位朋友，是兵部主事常允恭。允恭在九江死了，家境衰败。

允恭的母亲张氏，年已六十多岁了，在九江城下伤心地痛哭，哀叹自己无人奉养。

有认识常允恭的人，可怜张氏年老，告诉她说：现在的安庆太守谭敬先，是允恭的朋友，让她前去投奔，念及与允恭旧存的交情，一定会照管她的。

老夫人遵从这个人的指点，坐船到了谭敬先处。可是谭竟婉言谢绝，不肯容纳。

老夫人处境非常窘迫。想到允恭曾在金陵做过官，亲戚好友或许还有存在的，也许能有点希望。可是她到了金陵，一个也没有访到。

老夫人又打听杜一元家在什么地方。知道情况的人告诉说：“杜一元已经死了很久了，只有他的儿子杜环还在。”并告诉他家位于鹭州坊中，门口有两棵枯树可以辨认。

张氏穿着破旧衣服，走投无路，只好投奔杜环家。此时，杜环正陪着客人，见到常母这副样子非常惊讶。一打听，常母便把遭遇哭着告诉他。杜环听着也流下了眼泪。

杜环扶着老人坐下，对老人行了晚辈之礼，又呼唤妻子和孩子来行礼。

杜环的妻子马氏换下常母的湿衣服，又脱下自己的衣服给常母穿，捧着粥让常母吃，抱来被子让常母歇息。

常母问起平素较为亲近的、情谊深厚的老朋友和她的小儿子常伯章的下落。杜环知道老朋友没有存在的了，又不知常伯章的死活。只好婉转地安慰常母说："天正下雨，等雨停了替您老人家打听一下他们的近况。假若没有人侍奉您老人家，我家即使再贫穷，也能奉养起您老人家。况且我父亲和常老伯亲如兄弟，现在您老人家贫困窘迫，不到别人家去，投奔到我家来，这也是两位老人在天之灵把您老人家引导来的啊！希望您老人家就别见外了。"

当时正值战后，年成不好。一般人家亲生骨肉都不能保全。常母见杜家也不富足，雨停后坚持要再找找其他朋友。杜环只好派一陪嫁的婢女跟着同行。

到了天黑，常母再找不到熟人，只好返回来，才安心住下来。

杜环买了布料，让妻子替常母缝制衣服被褥。

杜环一家人，都像对待母亲一样地侍奉她。常母性情急躁，稍有不满就生气骂人。杜环私下告诫家人，要顺从她的心愿，不要因为她处境困难就轻视、怠慢她。

常母患老年疾病，杜环亲自替她煎药，送勺匙、筷子。

过了十年，杜环做了太常寺的赞礼郎，奉皇帝的诏令，到会稽举行祭祀。返回时，路过嘉兴，正遇到张氏的小儿子常伯章。杜环告诉他说："你的母亲在我家，日夜想念你，都想病了，你要早点去见她！"

常伯章不以为然，只说，“我也知道这情况，只是因道远没能去罢了。”

杜环回到家，又过半年多，常伯章才来。

这一天，正是杜环的生日。常母看到自己的小儿子，放声大哭。杜环家里的人要制止她，说这不吉利。

杜环说：“这是人之常情啊！有什么不吉利的？”

过些日子，常伯章看到母亲年老，不能远走，竟然谎称办其他事情，辞别而去，再也没有回来看望老母。

杜环侍奉常母更加慎重小心。然而，常母越来越思念儿子伯章，病情越来越重了。快要断气时，常母指着杜环说：“我拖累你了，拖累你了！你比我的亲儿子还要亲！愿你的子孙都像你这样忠厚善良啊！”

杜环备办了棺材和套棺，隆重地安葬了常母，每年还按时节为她祭祀。

杜环悉心照料常母十几年，一直到养老送终。大家都称赞他的孝行，是仁爱的典型。

## 41. 谢定住打虎救母

谢定住，明代大同广昌（河北涞源县）人。12 岁时，父亲外出经商，家里只有他和母亲带着一个吃奶的小弟弟。

一天过午，母亲叫定住把小牛牵到后山坡上去吃草。他牵着小牛，走上了山坡，选了一块草木茂盛的地方，停了下来。小牛贪婪地吃起草来，不时地摇着尾巴驱赶蚊蝇。定住抚摸着心爱的小牛，看它在老老实实地吃草，便把它放在那草地里，自己跑下山去，帮母亲干活。

太阳快落山了，小定住想起小牛来，就急匆匆地跑回了山坡，一看，小牛不见了。这下子小定住可傻了眼，急得两眼直冒火星。这时母亲因不放心也抱着弟弟来了。娘俩一商量，决定到山上去找。

母亲抱着弟弟走在前头，小定住拖着一根棍子紧跟在母亲身后。越走山越险，草越茂，娘俩心越急，天色越来越暗。突然从深草丛中跳出一只老虎，张着血盆似的大嘴，向母亲扑去。在这万分紧急的时刻，不容小定住多想，他拿起棍子，纵身一跳，从母亲身旁穿过，猛向虎嘴戳去，正好刺进虎嘴。猛虎呼啸着，晃着脑袋逃了。母亲吓呆了，小定住接过弟弟，扶着母亲，赶忙往山下跑去。这时老虎又追了上来，母亲为了保护定住和弟弟，奋不顾身地用身子去挡住老虎，老虎猛一纵身，咬住了母亲的衣服领子。眼看老虎就要咬伤母亲了，小定住一手抱紧弟弟，一手抡起棍子，使足了力气，朝老虎打去，正好打在老虎的嘴巴上，老虎又松开母亲跑走了。没走上几步，老虎又转回来了，拦路趴在地上去咬母亲的脚，母亲奋力抵抗着。正巧路边有堆石头，小定住拣起一块拳头大的石头，尽全力朝老虎的脑袋砸去，老虎疼得大吼了一声，径直向一个山沟里逃去。小定住保护着母亲和弟弟，平安地回到了家中。

走进家门一看，小牛正趴在槽下倒嚼呢。原来它跑到了人家的庄稼地里，被邻家给赶回来了。看着小牛，母亲真后悔不该到山里去找牛，多险啊。

谢定住打虎救母的事迹从此传开了，永乐 12 年，皇帝召见了谢定住，并嘉奖了他，给他家送了一块“打虎救母”的匾。

## 42. 洪祥笃行孝道

洪祥是明朝的一位大孝子，他笃行孝道，处处事事体贴关怀父母。

一次，他父亲患了重病，倒在床上，生活全不能自理。他到处求医，给父亲看病，抓药、煎药、喂药都自己亲自去做。他一连几天几夜不离父亲左右。在洪祥的精心护理侍候下，父亲的病情开始好转了，洪祥也要支持不住了。看着儿子那疲惫憔悴的样子，父亲很心疼，恨自己不争气，生了这么一场大病，让儿子跟着受罪。就说病已经好了，让儿子回到自己屋里睡觉去，一定不要在床边照料了。洪祥再三要求仍留在身边照料，父亲装做生了气，把洪祥给骂走了。

洪祥知道父亲身体仍很虚弱，气力不足，还需在床边照顾，但不能违背父亲的意思，只得安排佣人守在床边，嘱咐佣人细心照料，自己退出父亲的病房，在门外静静地坐着，暗中注意父亲的动静，一旦有情况，好前去照料。因为连夜没睡好觉，坐着坐着就睡着了。快到下半夜了，父亲要起床小便，一连叫佣人几次，因佣人已经睡熟了，竟没叫醒。父亲自己勉强坐起来，可是两条腿支持不住，不能站起来走动，只好又坐在床边，又一个劲地喘着气。里屋的动静虽然不大，但时刻想着父病的洪祥并没有睡实，突然被惊醒了。开门一看，父亲坐在床边，喘着粗气，便赶忙上前把父亲扶住，问要做什么。父亲责怪他为什么不回房睡觉，洪祥说："因为怕佣人只顾自己睡觉，不能及时照应，不放心就留在门外，好随时照顾父亲，现在这种情景，如果您再叫我离开，我可不敢从命。"说完便去拿便器给父亲接尿，然后又把父亲安放在床上，把被盖好，看着父亲安祥地睡着了，他才安下心来。

在洪祥的精心护理下，父亲的病不久就全好了。身体也逐渐有气力了。他在大门外坐着散心，逢人便讲自己儿子如何孝顺，讲着讲着便流出了欣慰的热泪。邻里们都羡慕他有这样一个好儿子。

# 43．陆莱诵诗救父

明朝末年，清军南下攻打平湖，平湖军民奋勇抵抗，结果因寡不敌众，城池被清军攻陷，明军很多将士阵亡，也有一部分兵士被清军俘虏。这些被俘的明军士兵被押解到一所寺院里，由一队全副武装的清兵监押起来。寺院守卫很严，内外布满岗哨，杀气腾腾，平民百姓谁也不敢靠近。

第二天一早，寺院前来了个五六岁的孩子，哭着喊着要进寺院，说是要见他父亲，守卫的士兵把他抓起来带来见将军。那位将军样子倒没有士兵那样凶，他见抓来的是一个小孩子，而且这个孩子眉清目秀挺可爱的，就和颜悦色地问他叫什么名字，又问他为什么要闯军营，孩子说他叫陆莱，父亲是守卫平湖城的明朝兵士，现在被监押在寺院里，他是来探望父亲的，还说他愿以身代父在寺院里被监管，只求将军能释放他的父亲。将军见陆莱口齿伶俐，就问他读过书没有，陆莱说读过。于是将军提起笔来在自己手上写了两行诗，然后伸出手掌让他看，还对他说："这首诗你如果能读下来我就放了你的父亲。"陆莱毫不犹豫地朗诵道："收兵四解降王缚，教子三升上将台。"朗诵完之后还解释说这是宋朝人当时赠给曹武惠王的诗，称赞他用兵如神而不乱杀无辜。陆莱解释完后又对那位将军说："将军你如果能不嗜杀俘虏，你也与曹武惠王一样会受到百姓的赞扬。"将军听了之后非常高兴，当场释放了他的父亲，让他们父子团聚。

后来战事结束，将军北归时就把陆莱带在身边。他对陆莱像亲生儿子一样看待，还请当地最有名望的学者做老师，以后又把他送到京师太学学习。陆莱没有辜负这位将军的期望，他读书非常刻苦，终于在康熙六年考中了进士。

陆菜中了进士之后，被授予国史馆编修的职务，并且参加编撰《明史》。有一次康熙皇帝玄烨在丰泽园考核朝中官员。他先是测试论文，之后又测试诗歌，结果，两场测试陆菜都取得了第一名。康熙皇帝非常高兴，也当着各位大臣的面夸奖陆菜是朝中诸臣的佼佼者。

## 44. 张履祥听从母教

清初有个学者张履祥博学多才，一生著述甚丰，曾经著有《愿学记》、《读易笔记》、《读史偶记》、《言行见闻录》、《经正录》、《初学备忘》、《近古录》、《训门人语》及《文集》45 卷流传于世，是当时学界很有影响的人物。

张履祥七岁时父亲就去世了，从此与母亲相依为命。父亲在世的时候对他要求很严格，对他的学习抓得很紧。在父亲严厉地督促下，张履祥的学习进步很快，很小的年纪《四书》就学会了。可是父亲去世以后，张履祥的学习就松懈下来了。开始时每天还翻翻书本，渐渐地连书本也懒得翻了，整天只知贪玩，与邻居的小朋友打闹。他的母亲很慈祥，看到这种情况也舍不得打他、骂他，只是整天愁眉不展的。一天晚上，张履祥发现母亲又是眉头紧锁，愁容满面，满腹心事的样子，就问母亲为什么不高兴？母亲叹了口气说："我发现自从你父亲去世后，你越来越不爱学习了，我听说孔子与孟子都是很小的时候父亲就去世了，可是因为他们自己有志气，学习用不着督促，所以最后成了万世师表，名垂青史。你父亲虽然去世了，可是他生前已经教会了你识字读书，你为什么不继续努力，刻苦钻研，将来成为国家的有用人才，为父母争口气呢？……"说着说着，母亲伤心得眼泪就流下来了。张履详见母亲很悲伤，他十分悔恨，于是向母亲保证，今后再也不贪玩了。从此张履祥像变了一个人似的。他夜以继日，废寝忘食地读书学习，学习进步很快。后来他就成了当时著名学者刘宗周的高足弟子，在刘宗周那儿研读四书五经，打下了坚实的基础，以后他又涉猎百家，博通经史，著书立说，最后终于成为当时有名望的学者。

## 45. 方观承千里探亲

在清朝乾隆年间，安徽桐城出了一位叫方观承的名士。方观承当过直隶总督，他为官清正，替百姓做好事，为治理黄河做出了很大贡献。

方观承小时候，他的祖父方登峰曾经当过朝廷里的工部主事，他的爸爸方式济也考取过进士，当过内阁的中书，他家住在南京。

没想到，有一年，祖父的朋友戴名世写了一本叫《南山集》的书，被朝廷看成是有反叛思想的禁书，把方观承的祖父和父亲，也牵连进去了。

方观承的祖父和父亲的官做不成了，家里的财产也被没收了，还被抓起来流放到黑龙江守卫边疆。

这时，方观承和他的哥哥年龄很小，罪犯家庭的子弟没人收留，一时间，门庭冷落，亲友们都装作不认识他们哥儿俩，与他们断绝了来往。

幸好，父亲和祖父做官时，和清凉山寺里的和尚是好朋友。和尚见兄弟俩可怜，就收留了他们。每天，兄弟俩只能吃点施主给和尚们的饭过日子，生活苦极了。

方观承哥俩过着这样苦的日子，仍然惦记着在北国被流放保卫边疆的父亲和祖父。

一天，方观承与哥哥找到老和尚：“长老，我们想到北国去看望父亲和祖父，二老在那里受苦，我们放心不下！”

老和尚十分感动，他看到孩子们还小，就劝阻说：“路途遥远，我又无力给你们凑那么多路费，怎么去呢？”方观承说：“我们都有两条腿，可以走着去！”“那可远得很哪！”老和尚说，“还是等你们大点了再去吧！”方观承说：“父亲和爷爷天天在北国受苦，我们一天也等不下去了！”

寺里的长老无法，只好给方观承弟兄俩凑了一点钱作为路费。弟兄俩辞别老和尚，离开了清凉山，上路了。途中，尽管方观承和哥哥省吃俭用，还是很快就把那点钱用光了。但是哥俩并未因此怯步，而是艰难北行。饿了，就去敲沿途人家的大门，舍着脸跟住家要口饭吃。本来，他俩是当官人家的子弟，跟人家要饭吃，总是难以开口的。但是，肚子饿极了，只好壮着胆子对人家讲了实情。若碰到好人家，见他们可怜，又是去北方探亲，被他们这种孝顺长辈的精神所感动，就送给他们一些吃的。有时，碰到凶狠的人家，不但不给吃的，还唆使恶狗咬人。兄弟俩只好互相保护着逃到村外。饿得两眼昏花时，只好在庄稼地里随便挖点东西充饥。

千里征程，哥俩儿走得脚上磨出了血泡，血泡又变成了老茧。经过艰难跋涉，终于来到了北国军营，找到了在这里服役的祖父和父亲。亲人们相见，抱头痛哭。祖父和父亲万万没有想到两个孩子会来看望他们，内心得到极大的安慰。以后，他们兄弟俩每年都到北国去探望亲人。

方观承和哥哥千里探亲的故事后来被传为佳话。

## 46．汤渊不再娶

汤渊，清代江苏常熟人，他八岁上死去了父亲，跟母亲相依为命。家里很穷，靠母亲纺线织布维持生活。母亲每天早起晚睡，手脚不停地劳做。背，驼了；腰，弯了；脸上出现了丝丝皱纹。看着过早地衰老了的母亲，汤渊心里真不是滋味，常常背着母亲流眼泪。

汤渊 15 岁时，母亲凑了一点本钱，叫他跟着一个邻居贩卖布匹。邻居很同情他们母子，教汤渊很多为商之道，一路上又多方关照，第一次买卖，就挣了钱。母亲接过儿子挣来的钱，竟热泪盈眶，儿子不知所措，直叫妈妈。他，一个 15 岁的孩子是很难理解母亲的复杂感情的。就劝母亲说："妈妈，我能挣钱了，说明我已长大了，您拼死拼活地守住这个家，不就是为了这一天吗？应该高兴才是。今后您不用再那样地劳累了。"

母亲转啼为笑，回答说："我心疼啊，若是你父亲还活着，我死也不会让你到处奔波的，你还是个孩子呀。今后妈妈更要多织些布，你还没娶媳妇呢，花钱的地方多着呢！"

汤渊听了母亲的话，觉得还不能供养母亲，使母亲终日劳动不息，心里难过极了。

后来汤渊娶妻了，妻子对婆婆也十分孝敬，又能勤俭持家，勤奋劳动，日子一天比一天好过了。不幸的是妻子在生下一个男孩之后不久，就病死了。当时邻里都劝他再娶一个妻子，母亲也老催他，可他就是执意不再娶妻。他说："妻子虽然死了，但给我留下了儿子，何必再娶呢，还是省下娶妻的钱去多孝敬孝敬母亲吧！"

他终于没有再娶，省吃俭用，供养母亲欢度晚年。

## 47. 泮周岱深夜登山取泉水

清朝安徽省泾县有个做竹器的工人，叫泮周岱，是个有名的孝子。

他年轻时和父亲同在一个竹器厂做工，手工业工厂里的活奇轻奇重，每天领活时，他都把父亲领来的重活，自己拿来干，轻活留给父亲去干。

一次，父亲干活扎伤了脚，但工厂主非让去上工，说不能干重活，还可干些轻活嘛。泮周岱就背着父亲去上工，往返走十来里路，到了工厂已精疲力尽了，还得马不停蹄地去领活来做，其辛苦程度是可想而知的，但他从不叫一声累，一直背到父亲的脚能走路了为止。

父亲年纪大了，工厂主就把他打发了，全家只靠他一个人在竹器厂挣钱来维持生活。他拼命地干活，尽全力多挣些钱，好让父母欢度晚年。

竹器厂主人，为了让工人多干些活，有时拿出酒肉来犒劳工人。泮周岱总是舍不得吃，把自己应得的那份，全都带回家去给父母吃。开始，工人们看他把酒肉包起来带走，议论纷纷，有的说他小气，有的说他不合群，不够朋友。后来，当人们发现是带回家去孝敬双亲的时候，就都理解了，有时还让他多带一些。工厂主听说了，也拍着泮周岱的肩膀说：“泮周岱，你是个孝子，好样的，我今后不会亏待你的。”

家里平常吃饭，他总是让父母先吃，然后自己才吃。遇到粮食紧缺时，总是先让父母吃好，自己经常吃糠咽菜，省下粮食，供养父母。

后来，母亲病了，他侍候母亲不离左右。母亲年轻的时候，家住在一座山下，山间有泉，母亲曾喝过这清泉的水，觉得特别清凉解渴，后来一直不忘。这次母亲病重了，半夜口渴，又想起那清泉的水，就自然自语地说：“小时候，房后是一座大山，山上有个清泉，那水特别好喝，真想再喝一次那泉中的水呀。”有心的泮周岱听在耳里，急在心里，马上拿个瓶子，上路了。山高月黑，石路难行。

他心急如火，奋力攀登，终于找到那口泉水了。手里拿着满瓶的清泉水，欣喜若狂，恨不得飞到母亲身边。他带着小跑，终于在天刚亮的时候就到了家，往返40多里路。

喝着清新的泉水，母亲心里格外地甜，这水中有儿子的孝心呀。

泮周岱深夜为母取泉水的事，不翼而飞，传遍了乡里。穷苦竹工泮周岱孝敬父母的事迹，后来受到了清政府的表彰。

## 48. 毛泽东缅怀母亲

毛泽东的母亲是一位德高望重的农家妇女，她勤劳聪慧，和蔼可亲，为人厚道，常常慷慨地周济别人，尤其同情穷苦之人，帮助穷苦之人。每遇荒年旱月，或过年过节，她都背着丈夫，送粮送米给穷苦的乡亲们。乡邻亲友们无不赞扬她的助人美德，她的贤良在韶山是远近闻名的。

毛泽东非常热爱母亲，孝敬母亲，体贴母亲。在母亲高风美德的熏陶下，毛泽东在少年时代就乐于帮助别人。至今，在韶山还流传着许许多多他当年关心和帮助别人的故事。

1919年10月，母亲去世了，毛泽东深深沉浸在悲痛之中。为了表达缅怀母亲的深情，赞扬母亲的贤良美德，他怀着十分崇敬和沉痛的心情，写了《祭母文》。

文中写道：

吾母高风，首推博爱；
遐尔亲疏，一皆复载；
恺侧慈祥，感动庶汇。
爱力所及，原来真诚；
不作诳言，不存欺心。

……

病时揽手，酸心结肠；

但呼吾辈，各务为良。

毛泽东投身革命，转战南北。出生入死几十年，始终怀念已逝的母亲，就是在新中国建立多年以后，依然如此。

*1959* 年毛泽东回韶山，略微休息一会儿，即起身从他的驻地往外走，当时随同人员还以为毛泽东要外出散步，或去访问老友，或去旧居看看，结果都不是。毛泽东却向一长满青松翠柏的小山走去。这小山当时连路都没有，毛泽东一直健步登上山顶，陪同的人都还不知他的意图是什么。又走了一会儿，发现一座小小的坟地，一看碑文，才知道是毛泽东的父母之墓。当时毛泽东恭恭敬敬地立下来，行了一个礼。陪同的人也都行了一个礼。这时大家都很后悔没有问主席，不仅没准备一个花圈，连一个纸扎的白花都没有准备。幸而当时陪同去的一位青年人，还算灵活，马上折下一些松枝，捆成一束，递给主席，主席满怀深情地将松枝献放在墓前。

回来后，毛泽东对陪同人员说："我们共产党人，是彻底的唯物主义者，不迷信什么鬼神，但生我者父母，教我者党、同志、老师、朋友也，还得承认。我下次再回来，还要去看看他们二位。"

## *49.* 朱德忆母

朱德（*1886—1976*），四川仪陇人。伟大的无产阶级革命家、军事家，中国共产党和中华人民共和国的卓越领导人，中国人民解放军的创始人和领导人之一。

朱德自幼家境贫寒，世代为地主耕种，他的童年生活是十分艰苦的。

朱德的母亲是位勤劳善良的农家妇女。多子女的艰辛不必说，她每天总是天不亮就起床，默默地把饭煮好，待一家人吃过饭，她赶紧收拾停当，与家人一道下地种田、种菜，收工回来，还要喂猪、养蚕、纺棉花。她就是这样，整日劳作而又任劳任怨。

在母亲的影响下，朱德四五岁就知道在母亲身边帮忙，到了八、九岁时不但能挑能背，还跟母亲学会了种地。他为了孝敬母亲，总是想方设法减轻母亲的劳累。一次，朱德看到母亲汗流浃背地在菜园里劳作，他心疼地对母亲说："您歇歇吧，让我来干。"母亲见朱德小小年纪这般懂事，心里十分高兴，脸上露出欣慰的笑容。

挑水是比较重的劳动，为了减轻母亲的负担，不满十岁的朱德总是比母亲起得还早，悄悄地把家里的水缸挑满水。每当母亲早上起来发现水缸装满了水，感到很奇怪，问是谁挑的水时，朱德总是回答："不知道啊!"原来他怕母亲心疼，不让他挑水。当母亲发现是朱德挑的水，感动得热泪盈眶，许久许久说不出话来。

朱德渐渐长大了，走上了革命道路，他再也不能在母亲身边，帮母亲干活了，但是，成长起来的朱德，决心以忠尽孝。

1944年4月5日，朱德得到母亲逝世的消息，心里十分悲痛，他在《回忆我的母亲》中写道：

"我爱母亲，特别是她勤劳一生，很多事情是值得回忆的。

"我应该感谢我的母亲，她教给我与困难作斗争的经验。我在家庭中已经饱尝艰苦，这使我在30年的军事生活和革命生活中再没有感到过困难，没被困难吓倒。母亲又给我一个强健的身体，一个勤劳的习惯，使我从来没感到劳累。

"我应该感谢我的母亲，她教给我生产知识和革命的意志，鼓励我以后走上革命的道路。在这条道路上，我一天比一天更加认识：只有这种知识，才是世界上最可宝贵的财产。

"母亲现在离我而去了，我将永远不能再见她一面了，这个哀痛是无法补救的。我用什么方法来报答母亲的深恩呢？我将继续尽忠于我们的民族和人民，尽忠于我们的民族和人民的希望——中国共产党，使和母亲同样生活的人能够快乐地生活。这是我能做到的，一定能做到的。”

## 50. 彭德怀立志养家

彭德怀8岁那年，父亲患了痨病，一点儿重活都不能干。这时，勤劳的妈妈又被病魔夺去了年轻的生命。

妈妈一死，家里就像断了顶梁柱。一家人只有依靠70岁的奶奶带着他和弟弟们讨饭过活。不久，刚满6个月的小弟弟就活活地饿死了。家里只剩下3分荒地，两间破草房，一口漏锅，连床板也都卖掉了。

一年大年初一的早晨，家里就无米下锅，奶奶要带着他和弟弟去讨饭，可是，彭德怀说什么也不肯去，对奶奶说：“我再也不去讨饭了，我要砍柴换钱买米吃！”奶奶无可奈何，只好领着二弟走了。奶奶一双小脚，一步一扭，吃力地走着。他望着白发苍苍的老奶奶远去的背影，心如刀绞，眼泪簌簌地流下来。这时，彭德怀再也不忍心看下去了，忙转过身去，用手抹去满脸的泪水，拿起扁担，操起柴刀，毅然朝高山走去。从此，10岁的彭德怀就用他那瘦小的肩膀，帮助爹爹分担了养家的重担。

他每天天不亮就上山，晚上天黑才回家，砍柴换米，有时给地主放牛。

一天，彭德怀饿着肚子上山挖树根，他用力挥动着小镐，拼命地刨呀，挖呀，眼看快要砍断最后一根树根了，想快点把它折断，就使足了力气去砍，由于他早已累得精疲力尽，两眼直冒金花，身子一歪，胳膊肘重重地碰到树根上，骨折了。他疼得昏倒在树坑里。

当他醒来的时候，爹爹已经把他抱回家，躺在床上，奶奶一口一口地给他喂米汤。他嘴里觉出大米香味。心想，哪里来的大米呀？他急忙环视一下屋里，发现家里的门板不见了。彭德怀心里一阵酸痛，他推开奶奶手中的碗，让给两个弟弟吃，自己挣扎着要起来，还要上山砍柴，可是，由于伤势过重，没有爬起来。

过了几天，彭德怀的胳膊还没有痊愈，就要去砍柴放牛，奶奶劝慰他，等伤好了再去。可是彭德怀说什么也不肯在家呆下去了，他拖着一支伤胳膊，用一支手继续上山砍柴、放牛。彭德怀小小年纪，在水深火热的艰苦岁月里，历尽了千辛万苦，使全家老小勉强糊口度日。

*15* 岁那年，想从苦海中跳出来，为穷苦人寻找一条活路。经过 *10* 年摸索、探求，他找到了共产党，找到了劳苦大众求解放的道路。他在这条道路上，冲杀奋斗了几十年，为党为人民立下了不朽的功勋，成为伟大的无产阶级革命家。

## *51*. 陈毅探母

陈毅（*1901—1972*），四川省乐至县人。在几十年的革命实践中，他成为一位伟大的无产阶级革命家、军事家、诗人。

陈毅投身革命几十年，多半担任军事要职，在前线作战，历尽艰难险阻，多次身负重伤，医生诊断，说他是半个残废。可他却以革命乐观主义精神著称于世。对革命始终忠心耿耿。*1972* 年 *1* 月 *10* 日，伟大领袖毛主席亲自参加了陈毅同志的追悼会。这是对陈毅生前最好的评价，也是他死后最大的光荣。

陈毅不但对革命忠心耿耿，而且对自己的母亲也十分孝敬。

1962年，他出国访问回来，路过家乡，抽空去看望身患重病的老母亲。

陈毅的母亲瘫痪在床，大小便不能自理。陈毅进家的时候，母亲欣喜万分，刚要向儿子打招呼，忽然想起刚才换下来的尿湿裤子还放在床边，就示意身边的人赶忙藏到床下。

陈毅见到久别的老母，心里非常激动，忙上前握住母亲的手，亲切地问寒问暖，倾诉久别念母之情。过了一会儿，他忽地想起进门时的情景，忙对母亲说："娘，我刚进来时，见你们把什么东西藏在床下了？"母亲见瞒不过去了，只好说出真情。陈毅听了，爽朗地笑了，说："娘，您见外了！您久病在床，儿不能在您身边侍候，心里非常难过，今日回来，这裤子应当由我去洗，何必藏着呢？"母亲听了，很受感动，又很难为情。这时，旁边的人赶快把裤子拿出来，想抢着去洗。陈毅一边上前抢过尿湿裤子，一边对母亲说："娘，我小时候，不知您为我洗过多少尿裤子，今天，我就是洗上十条尿裤子，也报答不了您的养育之恩呀！"说完，陈毅就把裤子放在洗衣盆里，同时找出母亲换下的几件脏衣服，一并洗起来。陈毅边洗衣服边同母亲叙谈，直到把衣服洗得干干净净，晾晒起来为止。

母亲露出欣慰的笑容，在场的人赞叹不已。作为中央领导，拿钱拿物孝敬老人，是完全可以理解的，而陈毅借探母之机，亲手为老母洗尿湿裤子，实在令人感动。

## 52. 刘伯承卖苦力养家

1907年的春天，刘伯承的父亲由于过度劳累和贫困生活的折磨，身患重病，又无钱医治，不幸去世了。为了给父亲买口棺材，借了40吊钱的高利贷。这样，使十分贫寒的家境又添上了一层严霜。

父亲去世之后，全家7口人的生活重担一下子落在了年仅15岁的刘伯承肩上，他成了家中主事人。他小小年纪就和成年人一样，起早贪晚地在田间劳作，尽管妈妈有时也抽空去地里干活，可孤儿寡母，劳力有限，再加上土地贫瘠，一年下来也只收了四五担毛谷。这点毛谷，去了还债，则所剩无几了。全家人还得吃糠咽菜勉强度日。

为了多收入一点，刘伯承除了抢时间种好自家田之外，还要给富人家打短工、干零活，挣几个铜板或换几升米回来。农闲的时候，揽不到活儿，就天不亮起床，到20里以外的御河沟煤矿去挑煤，然后到街上去卖。要赶上好卖，回来还早一点，要赶上不好卖时，就要到天黑以后才回来。不管他回来多晚，母亲都在门前的大树底下等他。每当刘伯承见到慈祥的母亲在等他归来，心里总是暖融融的。而母亲一见到儿子回来，则心疼地上下打量一番，然后轻轻地拍掉他身上的泥土……

刘伯承挑煤时，总想多挑点，多跑几趟，好多挣几个钱养家糊口，所以挑一天煤下来，肩膀磨出了紫泡，衣服和血肉也常常粘在一起，钻心地痛。两条腿像灌了铅一样，每走一步都很费劲，腰也酸痛得像要两截似的。可是他怕妈妈见了心疼难过，每天回来，总是强打精神，装作一身轻松的样子，并总是笑着对妈妈说："妈，我浑身有的是劲儿，没事儿的，苦日子总会有头的！"

母亲最了解儿子，她知道儿子在宽慰自己。每当她听了儿子这般宽慰的话，脸上便绽开笑容，可心里在流泪啊！……

## 53. 叶剑英听母亲的话

叶剑英的母亲，是个极勤劳而又贤慧的人。她在操持全部家务的同时，还能耐心地教育子女，关心子女的学习与生活。

一天，叶剑英不小心把饭粒掉在桌子上了，父亲厉声训斥了他，可母亲却急忙把饭粒拣起来吃了，然后轻声对叶剑英说：“粮食来得不容易，俗话说，一粒粮食一滴汗，往后吃饭要小心，别再掉饭粒了。”小剑英看了母亲的行动，听了母亲的耐心教育，十分感动，眼噙泪水，使劲儿点了点头。从此以后，他吃饭的时候，总是特别注意，争取尽量不掉饭粒，即使偶尔掉了一点儿，也赶忙学着母亲的样儿，拣吃了。

叶剑英小时候喜欢同小伙伴们打斗玩耍，在这天真的“战事”中，常常是把衣服或裤子刮破了。到了晚上，自己上床了，可是辛劳了一天的妈妈，却坐在暗淡的油灯下，一针一线地为他缝补。叶剑英看着看着，心里非常难过，于是心疼地对母亲说：“妈妈，明天我再不打闹了。”母亲见儿子小小年纪这般懂事，欣慰地笑了笑说：“没关系的，妈妈不累，以后尽管同小朋友玩，注意点儿就是了！”叶剑英深深地感受到母亲的可亲、可敬，他决心不再刮破衣服了，以免母亲为自己劳神费力。

他说到做到。一次他又同小朋友们摆开了战场。但是他在“开战”前，记起了妈妈的话，眼前浮现出妈妈挑灯缝补衣服的情景，于是他在玩的时候，特别注意爱护衣服，从不乱来，刮破或弄脏衣服。

叶剑英的母亲不仅注意结合生活实际教育孩子，而且还经常忙里偷闲，给他们讲一些传统美德故事，来熏陶感染孩子，培养他们的良好道德品质。

叶剑英打记事起，就最爱听妈妈讲故事。每当母亲那生动而深沉的声音响起来的时候，叶剑英便依偎在母亲身边，默默地听着，有时竟听得入了神。

在母亲的教育、影响下，叶剑英很懂事，常常以实际行动回报父母亲。他七八岁就开始上山打柴，割草，帮助父母亲干一些力所能及的家务活。有时主动帮助邻居干一些零活。乡亲们都很喜欢他，夸他是最听父母话的好孩子。

## 54. 李四光替父母排忧解难

李四光，湖北黄岗县人，生于1889年10月26日，原名仲揆。

李四光是我国杰出的地质科学家，科技战线上的一面红旗。周恩来总理对李四光的一生给予了很高的评价，并号召向李四光学习。

李四光不仅在攀登科学高峰方面值得人们学习，在孝敬父母方面，也是人们学习的榜样。

李四光家境十分贫寒。祖父早年去世，祖母带领父亲沿路乞讨，最后流落到湖北黄岗回龙山，在那里找了一个小破庙住下。

后来，李四光的父亲白天打柴，晚上读书，考中个秀才。便招了十几个学生，开始了教书生涯。可是微薄的收入，维持不了一家大小的生活。父亲整日愁眉不展，唉声叹气。当时年少的小仲揆，看在眼里，急在心里。他为了替父母排忧解难，白天在父亲的私塾里刻苦读书，晚上便帮助妈妈做零活：舂米、挑水等。有时家里没柴烧了，他就去打柴。一次，他约了几个小伙伴一同去打柴，因山高路滑，一不小心，摔倒了，膝盖磕破了，鲜血直流。小朋友们都问他疼不，他说："不疼!"，咬紧牙关，继续砍柴，一直坚持到太阳落山，砍够了柴，才一瘸一拐地走回了家。妈妈见了，心疼得流下了眼泪。小仲揆有时还担柴去卖，挣回钱贴补家用。这样的生活，小仲揆一直过到12岁。

仲揆12岁那年，母亲用出嫁的衣服，为他做了一件棉袄，让他穿着这件衣服，拿着向邻居借的钱，到武昌报考武昌高等小学。投考时，试卷答得非常好，竟考了第一名。而主考见他是个穷孩子，竟不想录取他。幸而一位学校里的先生是他父亲的学生，从中说情，才录了他。入学后，学膳免费，每月还发七两银子。小仲揆深知家中困难，常常把节省下来的银子捎回家去，为父母分忧解愁。这样，尽管他家缺了一个劳力，而生活却还得到一些改善。父母为有这样孝顺的儿子而欣慰。

仲揆学习刻苦，每次考试都名列前茅，被官派日本留学。此间，他仍节衣缩食，把省下来的钱寄往家中，负担两个弟弟和两个妹妹学膳费用。为了节省钱，他既不在学校食堂用餐，又不肯在房东家包饭，而是常常晚上把米装进暖瓶里，注进开水，经过一夜泡熟成粥，当饭吃。吃菜，也只吃点咸菜。同学们把他这一大发明传为佳话。

李四光从小就知道替父母排忧解难，孝敬父母，长大又能按父母教导，刻苦读书，后来，终于在地质科学领域对祖国做出了杰出的贡献。

## 55. 郭沫若为母寻药

郭沫若（*1892—1978*），四川乐山县人。他不仅是中国杰出的作家、诗人和戏剧家，马克思主义的历史学家和古文学家，而且是革命的思想家、政治家和著名社会活动家，卓越的无产阶级文化战士，是继鲁迅之后，中国文化战线上的又一面光辉的旗帜。

郭沫若之所以这样博学多才，一是伟大的革命斗争培育和造就了他，另一方面是他母亲教育和影响的结果。

他的母亲天资聪慧，尽管年幼没有读过书，可耳濡目染，也认识不少字。她喜诗歌，能背诵许多唐诗。郭沫若三岁的时候，母亲就教他背诗。郭沫若背诗背得很快，母亲非常喜欢他，他也深深地爱着母亲。

每当母亲有个头疼脑热的，郭沫若总是围前围后地照料母亲。最使他担心的是母亲每逢秋初，都要晕倒一回，当地人称这种病为“晕病”。

郭沫若5岁那年，母亲的病又犯了。她躺在床上，呻吟呕吐。严重的时候，粒米不进，就连水也不能喝一口。郭沫若见母亲病成这个样子，心里非常难过。

一天，他听大人们说，“芭蕉花是治这种病的良药”。于是他暗下决心：“一定要为母亲找到芭蕉花，治好母亲的‘晕病’，解除母亲的痛苦。”

他东问西找后，才得知芭蕉在四川很不容易开花，不好买到，即使能买到，价钱也特别贵。尽管如此，可他也不死心，总是把母亲的病记挂在心上。

有一天，郭沫若同比他大4岁的哥哥去玩，来到福建人的会馆天后宫，这里供的是一位叫“后天圣母”的女神。兄弟俩玩着玩着，忽然发现天后宫园内有一簇芭蕉，其中一棵正开着一朵大黄花，好看极了。

郭沫若惊喜万分，悄悄地对二哥说：“二哥，快，咱把那芭蕉花摘下来，拿回家给母亲治病！”说罢，拔腿就朝芭蕉花跑去。二哥急忙上前拦住他说：“不行，那是天后圣母的花，凡人是不能动的！”郭沫若为母治病心切，没听二哥劝阻，翻过一米高的围墙，向四处张望。他见园内无人，急忙把花摘下来，藏在衣服里，气喘吁吁地跑回家。

到家后，郭沫若手捧芭蕉花，连蹦带跳地来到母亲床前，高兴地对母亲说：“娘，芭蕉花找到了，快看！”

母亲见郭沫若手捧一朵大黄芭蕉花，忙问：“孩子，你是从哪儿弄来的芭蕉花?”“是从天后宫摘来的。”郭沫若照实说来，二哥站在旁边一声没吭。

郭沫若满以为母亲会夸他俩呢，可没料到母亲听了非常生气，怒斥道：“你俩都给我跪下!”兄弟俩二话不敢说，赶紧就跪下了。母亲叹了口气说：“娘生下你们这样不懂事的孩子，竟敢偷摘天后圣母的花，娘倒不如病死好了!”

父亲听说后，怒气冲冲地进了屋，把兄弟俩拉出去，责令他俩跪在祖宗灵位前，狠狠打了他俩一顿。郭沫若一边挨打，一边理直气壮地辩解：“摘芭蕉花给母亲治病有什么不好? 管它是谁的花，只要治好母亲的病就行!”他委屈地哭了。

郭沫若自幼孝敬母亲，长大依然如此，就是在他晚年的时候，也常常怀念着已故的母亲。

*30* 年代，郭沫若受国民党反动派的一再通令追捕，不得不远离祖国，东渡日本，此时，他时常思念年迈的老母。*1932* 年，母亲病逝，他身在外乡，无法为母送葬，深深地沉浸在悲痛之中。他在日本流亡期间，写了很多研究中国古代社会的一些著名论文，用的是“杜衎”笔名，因母亲姓杜，性格刚直，取笔名“杜衎”，为了永久纪念母亲。

郭沫若在 *50* 岁那年，还撰文深情地回忆说：“我母亲事实上是我真正的蒙师。”

## *56.* 金善宝砍柴养家

金善宝是为培养和推广中国优质小麦而奋斗了一生的著名的小麦专家。他曾被中央人民政府任命为南京市副市长。可他不愿意呆在政府机关做官，他心系祖国大地，大地上有他干不完的事业。他这种勤劳的工作作风是跟幼年时长年劳作在家乡的土地上和父母对他的培养分不开的……

*1895* 年 7 月 2 日，金善宝出生在浙江省会稽山麓的诸暨县石峡口村。他的父亲是个乡间的秀才，在村中私塾里任教，母亲是个劳动妇女，在家里种桑养蚕。

在父亲的教育和母亲的熏陶下，善宝成长为一个懂事的孩子。他很小就体贴父母的辛苦。幼年的善宝就懂得上山帮母亲干活。从劳动中他渐渐体会到，一衣一食，都来之不易。

到了上学的年龄，善宝进入父亲任教的私塾，他读书特别认真，在学堂里成绩总是最好的。

从学堂里回来，善宝经常一放下书包就背着筐子上了山，他不是去玩耍，而是去帮助采桑的母亲干活。母亲见了儿子，心疼地说："善宝，你读书辛苦，还是回家歇着去吧！""我不辛苦，母亲日夜劳作才辛苦呢！"善宝坚决不下山，要帮母亲干活。母亲见善宝越来越知书达理，孝敬父母，抹了一把额头上的汗水，欣慰地笑了。

南方的天，有时一阴起来就是几个月，山乡的人，没事都要到山里去砍柴，晾干，以备阴天时烧饭用。

善宝的父亲教书很忙，没有时间上山砍柴，一家人烧饭用柴的担子就落在了善宝的身上。

善宝经常扛着一把斧头，腰里系一根绳子，带几块干粮，就进山砍柴去了。

用于烧火的树木，不像桑园里的树长在半山坡，全在大山里，每次进山都要走很远很远的路。

一天，太阳落山了，善宝还没有回家，母亲焦急地站在村口悬望。

过了好久，母亲看见老远的地方有一座小山似的柴禾垛往村口这边移动，垛下有一个小小的身影，正是善宝。母亲急忙迎了上去，接过善宝身上沉重的柴禾垛，嗔怪地说："吓死人哦，为什么搞得这样晚，明天不要去了！"

"不，还要去！"善宝执拗地说，他觉得自己已经是个顶天立地的男子汉了，他背的不是一大捆柴禾，而是一副生活的担子！他认为自己真正地长大了！

第二天，从学堂里回来，他又像以往一样，系着绳索，扛着斧头进山了。

这条蜿蜒曲折的小路，引导他走上了人生的旅途。沿着这条生活的小路，他走出了大山，走遍了全中国……

## 57. 汤飞凡为父送饭

*1981* 年 *5* 月 *11* 日，国际沙眼防治组织在巴黎举行的一次会议上，把一枚金质奖章授予世界上第一个分离出沙眼病毒的中国微生物学家汤飞凡。可惜，汤飞凡早已不在人世了，没有见到这枚奖章。

汤飞凡 *1897* 年出生在湖南省醴陵县的一个偏僻的乡镇。他的父亲是一位正直和善的农村知识分子，母亲是一位贤惠、勤劳的家庭妇女。

飞凡家里很穷，全家靠父亲当乡间私塾的先生过日子，没有别的收入。飞凡从小就很懂事，从不惹父母生气，有空儿就跟父亲学习写字，一写就写好几篇，读书不到背熟了不停止。

家里的日子太苦了，为了节省开支，母亲每天把午饭做好后，让孩子们把饭送到学堂。这样，父亲既用不着来回跑路，又节省了家里的开支。

飞凡在几个孩子当中，是往学堂里给父亲送饭最多的一个。他把饭送到学校后，父亲要留他在学堂里一起吃饭，因为母亲经常在给父亲的饭里放一只鸡蛋，或者放些蒸咸肉。飞凡为了让父亲有一副好身子骨，不肯与父亲同吃。他坚持回家，跟母亲和兄弟姐妹们吃糙米饭和腌菜叶。

飞凡的母亲在操持家务之余，很注意对孩子们的教育和培养。她忙完了家务，晚上在灯下教孩子们识字，有时还给他们讲古代英雄豪杰的故事。母亲是飞凡最敬重的人，他经常帮助母亲担水、洗菜、做饭，使劳累不堪的母亲减轻了不少负担。

天有不测风云，人有旦夕祸福，小飞凡做梦也没有想到，像母亲这样好的人竟染上了病，母亲病得很厉害。乡间缺医少药，飞凡刚刚进入少年时代，母亲就离开了人世。

母亲的死使飞凡家失去了一个主心骨。善良的父亲遭受了这一打击之后，过早地苍老了。他家的日子更加艰难了。

母亲的病故是小飞凡在人生道路上遇到的一个严重打击。几个孩子在房间里望着外屋发愣的父亲，心里都很难过。小飞凡和弟兄们商量说：“母亲不在了，父亲每天中午吃饭都成了问题，我们一定不能让父亲饿着……”

弟兄们都同意飞凡的主意。

第二天将近中午的时候，父亲正在上课，突然发现在学堂里读书的小飞凡不见了，感到很纳闷儿。当他讲完了课，穿起外衣正准备赶回家去为孩子们做饭的时候，房门突然开了，是小飞凡提着一个篮子赶来了。他见了父亲笑着说：“父亲，我给您送饭来了，快趁热吃!”

一切全明白了，小飞凡是在最后一节课回家给父亲做饭去了。父亲一下子严肃起来：“你的学业可不能荒废呀!”

飞凡说：“我们都商量好了，每天中午轮流回家做饭，拉下的课，晚上补，有不明白的，再问您，这样行吗?”

孩子们把今后的日子竟安排得这么周到，父亲还能说什么呢?

再说，如果不用这个办法，又怎么解决中午吃饭的问题呢？

父亲打开盛饭的篮子，照例，碗中有一个腌鸡蛋，几块咸肉，一切和妻子在世时的一样。

小飞凡向父亲告辞，跑回家去吃饭。

望着小飞凡远去的背影，父亲的眼眶流出了眼泪。

## 58. 杨开慧自幼孝敬父母

杨开慧，1901 年 11 月 6 日出生在湖南省长沙县风景如画的板昌。其父杨昌济先生世居板仓，是一位忧国忧民的进步知识分子。杨先生眼看中华民族处于苦难深重之中，对后一辈寄托着殷切希望，他给女儿取名开慧，号霞，字云锦，期望孩子在阳光照耀下，有如灿烂的云霞，美丽而火红。

开慧没有辜负父亲殷切的希望，一生追求真理，为真理而奋斗，直至 1930 年 11 月 14 日昂然赴刑场，还高呼：“劳苦大众联合起来，打倒国民党反动派”等革命口号。

杨开慧忠孝两全，她自幼孝敬父母的故事也是十分动人的。

杨开慧不满 3 岁，父亲就远涉重洋，出国留学去了。小开慧跟着母亲在乡下度过了童年时代。

她 7 岁上小学，学校放学很早，她见母亲一人忙碌，就主动帮助母亲扫地、择菜、刷锅、洗碗等。有时还上山砍柴，供家中烧火用。有一天，她同哥哥到家旁边棉花坡上去扒毛柴，一不小心，踩蹓了脚，滑到塘里去了。哥哥急忙把她救上岸来，见她一身水淋淋的样子，便说：“霞，你年纪还细，莫去扒了。”霞姑娘摇摇头说：“不怕，扒得，只怪我自己不小心哩！”以后还是照样扒柴。

1918 年初夏，杨先生接受北京大学聘请，出任伦理学教授。

1919 年因病在北京西山卧佛寺疗养，全家也都住在那儿。此间，杨开慧终日守候在父亲身边，精心侍奉父亲。有时读点小说、散文或诗歌给父亲听，更多的时候是读报纸、谈时事，替父消愁解闷，减轻病痛。就这样，直到 1920 年元月 17 日父亲病逝。开慧在深深的悲痛之中与家人一道扶柩南下，将父亲遗体归葬于故乡——长沙板仓。

提起杨开慧忠孝的事，人们称赞她是“芙蓉国里尽朝晖，红霞灿烂照人间”。

## 59. 孙敬修尊从母亲教导

孙敬修，生于 1901 年。著名教育家、儿童故事专家。他小的时候，家境很苦。他父亲、母亲原来都是北京德门外的普通农民。连年的饥荒，逼得他们沿路乞讨，流落到北京城。

孙敬修 9 岁丧父，由母亲一手将他带大。他的母亲叫宿玉恒，是个温和善良的劳动妇女。因外祖父曾是农村的一位私塾先生，耳濡目染，识了不少字，什么《三字经》、《女儿经》、《名贤集》的故事，她都会讲。她从不打骂孩子，孩子有了什么错误，她就把从父亲那里听来的故事讲给孩子听。如《孟母三迁》、《嫦娥奔月》、《曹冲称象》、《孔融让梨》、《木兰从军》、《岳飞抗金》等等。她把全部心血倾注在儿子身上，希望他长大成为一个善良的人，诚实的人，勤劳的人。

孙敬修一生就是尊从母亲的教导，严格按母亲教他的许多做人道理去做。

孙敬修靠母亲到教堂做临时帮工的微薄收入度日，9 岁才得以入小学读书。他深知这机会难得，学习非常刻苦，决心以优异成绩回报母亲。小学一毕业，母亲再也无力供他念书。他靠自己的聪明和勤奋，考进了卢沟桥畔的“京兆师范”——一所官办初级师范学校。孙敬修就在这所学校里敬业修身，直至 1921 年毕业。

毕业后，几经周折，来到北京汇文小学，开始了他的教育生涯。

俗话说，“家有二斗粮，不当孩子王”。这种轻视教育的思想，当时在很多人的头脑里不同程度地存在着，而孙母却不然。她苦了大半辈子，如今看见儿子当了一名小学教师，打心眼里高兴。她对儿子说：“当小学教师有什么不好，你要像那位弟子三千的孔老夫子那样‘为人师表’，做事要对得起良心，千万不能误人子弟。”

孙敬修牢记母亲的教导，决心做一个勤勤恳恳、兢兢业业的教书人。他在汇文小学教语文、教算术、教图画、教唱歌，几十年如一日，勤耕不辍，整整度过了 35 个春秋。

这 35 个春秋，他播下的是数不尽的爱，换得是无数颗金子般的童心。

新中国成立以后，孙敬修被邀请参加了第一届文代会。亲耳聆听了周恩来总理的报告。这以后，他决心把余热献给新的国家，献给党的教育事业。

1956 年，他被调到北京少年宫工作。从此他成了全国著名的“故事爷爷”。他每周三天在少年宫讲故事，三天到中央人民广播电台讲故事。他讲故事，深入浅出，妙趣横生，最受小朋友们欢迎了。孙敬修的故事，教育了几代人。听他讲故事的人，如今有的做了爸爸、妈妈，有的当了爷爷奶奶。他们当中，有的是科学家、工程师，有的是画家、演员、医生、教师……更有千千万万奋斗在不同岗位上的工农兵。

孙老真是“桃李满天下”啊！

每当提起孙爷爷是“讲故事专家”时，他都深有感触地说，我讲故事的功底是母亲在小时候常跟我讲故事打下的。

# 60. 马本斋以忠尽孝

马本斋（1901—1944），河北省献县人，回族。他忠孝两全，是我国现代著名爱国者，是回汉各族人民的英雄楷模。

马本斋的母亲是村里有名的贤妻良母。她对马本斋自幼就要求得很严格。在劳动之余，她常常给马本斋讲一些古人精忠报国的故事，如“岳母刺字”、“苏武牧羊”、“木兰从军”等，以此来教育本斋，并节衣缩食，供他上学。

本斋在母亲的培养教育下，非常懂事，孝敬父母，远近闻名，是人所公认的大孝子。

他自知家贫上学不易，就加倍刻苦读书。在校认真听课，刻苦努力，回家赶忙帮助妈妈做零活，晚上常常读书至深夜，在母亲再三催促下，才肯去睡觉。他不仅对规定的课程背得滚瓜烂熟，而且还涉读了《幼学琼林》、《水浒》、《三国演义》、《古今奇观》等书，经过一段时间，他不仅文才出众，而且知识超群。当时的私塾先生本来瞧不起穷孩子，可对马本斋却十分器重。

一次先生郑重地对他说：“今天，咱们师徒共对一副对联，我作上联，你如对得准，我以个人名义推荐你到河间府上学深造，如何？”马本斋高兴地说：“弟子从命！”

先生稍加思索，挥笔写出：

“两城二塔双河水”

马本斋一看，是结合家乡地理特点而作，他思索了片刻，对句涌出：

“孤村一寺独木桥”

先生看了直呼：“贴切，贴切！”然后又大加赞叹：“出我所料也！奇才，奇才，奇才呀！”

马本斋体谅母亲，从来不让母亲为自己操心。他*17*岁那年，跟随父亲出外闯荡生活，母亲送了一程又一程。他停住脚步对母亲说：“您回去吧，大哥和三弟在家该不放心了！”母亲叹了口气说：“唉，娘就是不放心你的腿啊！前两天干活，把腿摔伤，还没全好，就走远路，哪行啊？”

马本斋见母亲不放心，牵挂自己，就故意使劲跳了两跳，说：“娘，您看，我的腿没事的！”母亲心疼地走到儿子面前，爱抚地为他擦着头上的汗水，说：“看你疼得这一脑袋汗，还能瞒得了我？”“娘，我真的不疼啊！”马本斋再也抑制不住自己，热泪直流。

*1937*年夏天，“七·七”事变的消息传到了东辛庄，他与母亲商量：“国难当头，我们作为中华民族的子孙，决不能袖手旁观！”开明的母亲赞成他的意见。于是马本斋领了村里一帮小伙子习拳练武，准备来日对付日本鬼子。他还走村串户，讲当年义和团杀鬼子的事，鼓动大伙拉队伍，担负起保村救国的重任。

这年的*8*月*30*日，东辛庄“回民义勇队”宣告成立，马本斋被推举当了队长。

这支队伍的旗帜竖起后，很快就壮大起来。这年秋，他率领队伍开赴抗日杀敌的战场，打翻日军的军用卡车，阻击下乡骚扰的汉奸队伍……在斗争中，他听说共产党、毛主席的队伍，才是真正为劳苦大众打天下的队伍，只有八路军才能取得革命的彻底胜利。于是他率队参加了八路军。从此，在共产党、毛主席的领导下，他们成了打不烂、拖不垮的铁军。他们所到之处，无攻不克，无坚不摧，被誉为“百战百胜的回民支队”。

日本鬼子对“回民支队”闻声丧胆，就乘队伍转移之机，捕去马本斋的母亲，妄图以此迫使马本斋就范。鬼子在给马本斋的信中说：“马本斋，九州十八县都知道你是大孝子，你母亲被我们抓来了，你难道不来救吗?”马本斋听了母亲被捕的消息，心如刀绞，又看了敌人的挑衅信件，怒气直往上冲。但是，在战士一片救马母的呼声中，他冷静下来。他劝说大家不要轻举妄动，要把国恨家仇牢牢记在心里，跟着共产党，一心打日本，解放千千万万受苦受难的母亲。

马母被捕后，大义凛然，拒绝敌人的一切威胁利诱，以绝食同敌人斗争，直至最后英勇牺牲。

马本斋听到母亲为国殉难的消息，万分悲痛，写了一首深切悼念母亲的诗：

宁为玉碎洁无瑕，
烽火辉映丹心花。
贤母魂归浩气在，
岂容日寇践中华。

自此，马本斋化悲痛为力量，在党的领导下，高举杀敌的刀枪，发扬母亲那种不屈不挠的精神，更加英勇地为祖国、为人民而战。根据斗争需要，马本斋还被任命兼任第三军分区司令员，指挥回民支队和分区基干武装，转战在鲁西北抗日战场上，马本斋和他的“回民支队”，威名远扬。

至今，鲁西北的回汉人民还深深怀念这位民族英雄所建树的历史功勋。

## 61. 刘云为母写悼文

革命烈士刘云，原名刘可炳，字随吾，号宏才。*1904* 年诞生于湖南省宜章县巴力乡东田村一个贫苦的农商家庭。

*1925* 年 *9* 月，刘云与航空局军事飞机学校的毕业生唐铎、冯达

飞等六人，受政府的委派，到苏联第二飞行学校学习。后又转入苏联陆军大学学习，与刘伯承、左权等同班，他担任班长。

一天，他接到母亲去世的噩耗。他沉浸在深深的悲痛之中。但是，他以学业为重，没有回国为母送葬，而是满怀深情地写了《追悼吾母感言》寄回家中，来表达儿子的一片孝心。

悼文中写道：“为国忘家，大义所在，子能以爱父母之心，爱中国世界；痛母死之情，痛社会上被压迫将死之群众。牺牲个人身家，一切努力奋斗，则子既尽子职孝善之道于家庭，亦可不负父母所生，尽为子之大义也。”

刘云是这样写的，也是这样做的。1930 年，刘云在苏联陆军大学学习尚未毕业，接到共产国际派他回国工作的命令。当时，他毅然中断学业，并告别新婚的苏联籍妻子，与刘伯承、左权等人回到当时党中央所在地——上海。后来，被党中央派往武汉，担任中共中央长江局军委委员，兼红军总参谋长。

在白色恐怖中，刘云在武汉三镇，积极进行革命活动。后因叛徒告密，不幸被捕。同年 9 月 6 日，蒋介石密令将刘云处死。年仅 26 岁的刘云，在高呼“中国共产党万岁”、“中国革命成功万岁”的口号声中，告别了他所热爱的党和人民，结束了他短暂而光辉的一生。实践了自己在《追悼吾母感言》中的誓言：“不负父母所生”“为国忘家”“尽为大义”。

## 62. 郑作新不忘奶奶教诲

郑作新是世界雉类协会会长、著名的鸟类专家。是他，首先明确指出原鸡是中国家鸡的祖先；是他，首先发现了“郑氏白鹇”；还是他，在小麻雀被确认为“四害”之一时，勇敢地担任了麻雀的

“辩护律师”，为麻雀翻了案……

郑作新像一只不知疲倦的鸟，在祖国大地上飞翔了一辈子，为鸟类写了一部完整的“家谱”。

郑作新 *1906* 年 *11* 月 *18* 日诞生于福州市的南郊，他童年的生活十分悲惨。在他还只有 *5* 岁的时候，母亲就因病去世了，作新的父亲为了养家，一年到头在外面奔波。

家中，抚养小作新的重担落在奶奶身上。孤苦伶仃的郑作新和奶奶相依为命。奶奶特别疼爱作新，生怕这个失去母爱的孩子受委屈。小作新也特别孝敬他的奶奶，从不惹奶奶生气。

晚上，奶奶经常一边在灯下做针线活，一边给作新讲故事。奶奶虽然识字不多，可是很会讲故事，有些故事，小作新不知听了多少遍，可他从不厌烦。其中，他最爱听的要数“精卫填海”的故事了。

一天，奶奶一边做活儿，一边又给他讲起了这个故事，小作新听得入了迷，他眼里噙着泪花，对奶奶说：“长大了，我也要做一只精卫鸟！”

“对喽！”奶奶一边穿针引线，一边对作新说：“不论做什么事，都要像精卫鸟那样一往无前，百折不挠！”作新郑重地点点头。他见奶奶眼睛昏花，怎么也引不上针，就从奶奶手里接过针线，帮助奶奶引上了针。

从此，作新变了，无论做什么事，不做好决不罢休。做作业时，做不完绝不出去玩耍；帮奶奶往缸里打水，不将水缸灌满绝不休息；帮奶奶舂米，不把所有的米壳舂掉绝不住手……

奶奶挺喜欢作新这股子劲。不过，有一天，作新这股子犟劲儿确实让奶奶着了一通急！

原来，作新听说福州东边有一座鼓山，鼓山上有个老虎洞，洞里有老虎。老虎洞附近的人们听到过老虎的叫声……

为了探个究竟，作新和几个伙伴组织了一支小小的探险队进山了，他们要搞清老虎洞里有没有老虎。

不料，山陡路远，有的小朋友半路打了退堂鼓，从山里折回来了！这些孩子迎面碰上了作新的奶奶，奶奶听说作新和另一个孩子进山到老虎洞去了，惊得半晌说不出话，生怕作新发生什么意外。

直到日落黄昏的时候，奶奶才看到作新和另一个孩子的身影，他俩终于回来了。作新一见奶奶就高兴地说：“奶奶，搞清楚了，老虎洞里根本没有老虎！是风吹洞口发出的吼声！”

奶奶嗔怪地说：“你们为什么偏要去那里呢？”

“我是听奶奶的话，向精卫鸟学习呀！”

“听我的话？”奶奶不解地问。

“是呀！您不是说，让我像精卫鸟那样，干什么事都要一往无前，百折不挠吗？”

奶奶赞许地笑了。后来，郑作新经过不懈努力，成为国内外知名的鸟类专家。

## 63. 黄家驷的孝行

黄家驷是国内外著名的胸外科专家。

他于 *1906* 年出生在江西省玉山县一个旧官吏家中。他家弟兄 *5* 人，数他最小。在家里，爷爷、奶奶和爸爸、妈妈都很疼爱他。家驷从小就很懂事，父兄越是疼爱他，他越是孝顺长辈，尊敬兄长。

很不幸，在家驷 *5* 岁那年，他的父亲因病去世了，这对他柔弱的母亲打击很大。家驷见母亲总是偷偷地擦拭眼泪，就伏在母亲的膝下说：“妈妈，您不要总是难过，爸爸不在了，还有哥哥和我呢！长大了，我干活养活您！”

一句充满稚气的话温暖了母亲那颗冰冷的心。家驷的母亲转悲为喜。从此，她把生活的一切希望都寄托在儿子们身上。

家驷和哥哥们轮流在母亲身边为她讲笑话，念诗文，为的是让母亲不再悲伤。母亲从儿子们身上得到了极大的安慰。

家驷的母亲是一个有见识的妇女。她不希望孩子们总为安慰她分去许多心思。家驷的哥哥们都大了，在家族里的私塾读书，不用母亲多管。于是母亲就教幼年的家驷在家里认字。母亲最先教家驷学的是他的名字。告诉他“驷”是宝马良驹的意思。希望他将来做一匹千里马，走万里路，成为国家的栋梁之材！

听了母亲的话，小家驷用力地点着头，表示他听懂了母亲讲的意思。

母亲是小家驷的第一个启蒙老师。她教家驷学会了《三字经》、《百家姓》。家驷一学就会，母亲非常高兴。

冬天，南方的屋里很冷，人们都用炭盆烧炭取暖。在一个风雪交加的夜晚，家驷的母亲一个人在屋里做针线活儿。炭盆里的火苗渐渐微弱了，母亲的手都冻僵了，她只好呵着热气暖手。

突然，家驷喘着粗气推门进来了，手里还端着一个盆。

母亲吃惊地问：“你不在爷爷、奶奶身边休息，出来干什么？看把身上都淋湿了！”

“外边下着雪，我怕妈屋里没了炭，给您送炭来了！”小家驷说。

母亲心头一热，一下子把小家驷搂在怀里。

作为妇女，中年守寡，日子是十分寂寞难过的。由于家驷很懂事，使苦命的母亲得到了极大的精神安慰。

到了家驷 *6* 岁的时候，他进了家族中的学堂读书。每天下午，母亲总是到大门口翘首悬望，盼着知疼知热的家驷早点回家。

家驷 *14* 岁那年，他接受了新思想，离家求学去了。他在给母亲寄来的信上说：“为了早日实现您对我的希望，儿外出求学，不能在您膝下尽孝，望母亲原谅！”

看了信，母亲点了点头，认为家驷做得对。

后来，黄家驷终于成为一代名医。

## *64.* 杨根思报仇

杨根思，江苏省太兴县五官乡杨伙村人，*1922* 年生。*1944* 年 2 月参加新四军。

*1944* 年 2 月杨根思刚入伍的时候，部队里新兵很多，大家说说笑笑好不热闹。可杨根思总是嘴唇抿得紧紧的，一声不吭，显出一副倔强的神情。战友们都说，杨根思好像有什么心事。

一天，战士们听说要打仗了，都纷纷递交请战书，要求参战，杀敌立功。

排长孙福生正在屋里看战士们送来的请战书，这时，忽的闯进一个人来。排长猛抬头一看是杨根思。没等排长开腔，杨根思涨红着脸粗声粗气地说：“排长，怎么还不打仗?!”排长见他急成这般模样，扶他坐下，并说：“你先说说，你为什么要打仗?”杨根思急不可奈，又很激动，他率直地说：“我有半辈子的仇，一肚子的气，我要去打仗杀敌，为我家人报仇出气！”

排长听了，拍拍他的肩膀说：“为父母报仇出气，对！可是，你这仇啊，还小得很哪！”杨根思听排长这么一说，跳了起来，声音也有点发颤了，他争辩道：“是血海深仇啊，排长！”接着他声泪俱下，跟排长诉说起来。

他家一贫如洗。祖父租种地主的土地，辛辛苦苦忙了一年，到头来连地租都交不起，在一个冬天的晚上，祖父就因交不起租子，被地主派去的狗腿子丢进长江里活活给淹死了。祖父一死，一家人的生活重担全落在了父亲身上。父亲给地主扛活，不久，也被万恶的地主给折磨死了。临终时，望着杨根思，带着期望的神情说："你可要给咱家报仇啊!"父亲死了，母亲气得发了疯，也含恨而死。从此，杨根思跟着哥哥过起乞讨的生活。后来，哥哥去上海谋生，他给地主当"牛倌"，更是孤苦伶仃，无依无靠。

抗日战争爆发的第二年，15 岁的杨根思跑到上海找到哥哥，跟着哥哥在一家毛毯厂当童工。哥哥不久在老板的压榨下死去了。杨根思逃出这鬼门关，去拉黄包车，受尽了人间疾苦。晚上，小小的杨根思，常常坐在黄浦江的石头上，望着涛涛江水，想起祖父、父亲、母亲、哥哥，想起他们悲惨的遭遇，黯然泪下。他咬紧牙关，握紧拳头，发誓："这血海深仇一定要报!"

后来，他听说家乡来了共产党、新四军，领导穷人闹翻身。他丢下黄包车，回到家乡，参加了新四军，巴不得一时扛起枪，去打仗，报这血海深仇。

孙排长听了杨根思的诉说，非常激动，他说："你有仇，你有恨，可像你这样苦大仇深的人有多少啊？天下穷人多得很啊！我们不能一个一个地报，要把国恨家仇结合起来，我们新四军是共产党领导的军队，是完全为着解放人民的，只要大家团结一致，化悲痛为力量，听共产党、毛主席的指挥，就一定能砸烂旧世界，建立起人民当家做主的新中国!"

杨根思听了排长这一番话，心里感到特别亮堂，他好像成熟了许多。

临走，他紧紧握住排长的手，深情地说：

"排长，你以后看我的行动吧!"

杨根思端正入伍打仗的动机，牢记国恨家仇，战斗中特别勇敢，多次立下战功。1950 年 9 月出席全国战斗英雄代表会议，同年 10 月参加中国人民志愿军。11 月 29 日，在朝鲜咸镜南道长津郡下碣偶里外围制高点1071高地东南小高岭战斗中他勇猛善战，不幸光荣牺牲了。1952年5月9日，中国人民志愿军领导机关给他追记特等功，授予特级英雄称号。1953年6月25日，朝鲜民主主义人民共和国最高人民会议常任委员会授予他“朝鲜民主主义人民共和国英雄”称号，同时授予他金星奖章和一级国旗勋章。

## 65. 董存瑞不忘父母

董存瑞，河北省怀来县南山堡人，1929年生。1940年南山堡建立了抗日民主政权，董存瑞参加了儿童团，并被选为儿童团团长。1945年参加了中国人民解放军。1947年参加了中国共产党。1948年5月，在解放隆化城时，董存瑞舍身炸碉堡，英勇牺牲，时年19岁。

董存瑞小的时候，他的家乡南山堡成了这一带抗日斗争的“堡垒村”。当时八路军的工作队深入到这里，宣传毛主席的抗日主张，帮助这一带建立了抗日民主政权，青年人参加了民兵，孩子们组织了儿童团，展开了轰轰烈烈的抗日斗争。工作队的同志还常常给儿童团讲“狼牙山五壮士”等故事。在这种环境影响下，他很快成为一名思想进步，积极抗日的好少年，在家里还是个孝顺的好儿子。

他不仅平日听父母亲的话，自觉帮助父母做零活，而且在紧要关头，不忘父母。

一天夜里，五更刚过，董存瑞就被一阵狗吠声惊醒了。父亲见了，让他再睡一会儿，他说：“不，今天我值班，我睡不着。”说着，他穿好衣服，背上木制大刀，拿起红缨枪，奔向村头。

他小心翼翼地观察动静。就在这时，山下传来阵阵细微的石子碰击声。董存瑞霎时紧张起来，提起警觉，他想，一定是鬼子又来要粮要钱，搜捕八路军游击队了。果不出所料，董存瑞探头一望，狡猾的敌人，隐蔽在密林里，正在向山上爬。董存瑞把锣敲得震天价响，并大声喊：“老乡们，鬼子来了，快转移呀！”寂静的山庄沸腾了。几个民兵扛着“震天响”土炮，手持红缨枪，占领了村后高坡，伺机而动。家家户户扶老携幼，背着包袱、赶着牛羊，往南山转移。

这时的董存瑞，观敌报信的任务已经完成了。他完全可以径直朝南山转移。可他没有，在这大敌当头的紧要关头，他挂记父母的安危，飞快地朝家跑去，想看看父母是否已经转移。鬼子的枪声爆豆般地响起来。董存瑞匆匆忙忙从夹道跑回家，见母亲正提着包袱焦急地东张西望，不知如何是好。董存瑞忽地扑到母亲怀里。他知道母亲在等他。母亲见儿子回来了，激动地说：“虎子，快走吧！”董存瑞忙问：“爸爸和姐姐呢?”“早赶着牛进山了！刚才民兵通知说，他们也撤进山了。”董存瑞接过母亲的包袱，母子二人急急忙忙朝村后走去。

董存瑞的妈妈喘着粗气，不小心脚下石子滑了一下。董存瑞很心疼妈妈，赶忙上前扶住妈妈，娘俩一起往山上爬去。

孝是忠的根基。正因为董存瑞有一颗笃厚的孝心。所以，后来在战争需要的关键时刻，他才能为人民舍身炸碉堡以尽忠义。成为了战斗英雄，模范党员。

## 66. 刘胡兰侍奉母亲

刘胡兰，山西省文水县云周西村人，1932 年 10 月 8 日生，1946 年 6 月年仅 14 岁的刘胡兰就成为一名中国共产党候补党员。1947 年 1 月 12 日，因叛徒告密，不幸被阎锡山匪徒逮捕，英勇牺牲。

刘胡兰对无产阶级革命事业无限忠诚，在敌人面前坚贞不屈，充分表现了共产党员的高贵品质。

伟大领袖毛主席亲笔题词：“生的伟大，死的光荣”，高度评价和赞扬了刘胡兰短促而光辉的一生。

刘胡兰生的伟大，其表现之一就是从小孝敬老人，为父母分忧解难。

刘胡兰的父亲刘景谦是个忠厚老实的农民，一年四季手不离锹，肩不离担，母亲操持全部家务，就连老奶奶也整天摇车纺线。一家人这般辛勤劳动，勉强度日。

刘胡兰体谅父亲的辛劳，每当晌午或傍晚，她知道是父亲该从田里回来的时候了，便乖乖地坐在门口，迎接父亲，帮他擦擦犁锹上的土，给他打盆洗脸水，递毛巾，然后再给疲劳的父亲点上一袋烟。父亲每当这时，深深地吸上几口烟，望着心爱的女儿，心里甭提多高兴了，一天的疲劳即刻消除了。

她见老奶奶纺线，就偎在奶奶身旁，为奶奶唱歌谣：

交城的山来，
交城的水，
不浇那个交城浇文水。
交城的大山里，
没有好茶饭，
尽是那个莜面烤饹饹，
和那个山药蛋……

有时她唱着唱着，听见奶奶长长地叹气，她好像懂得奶奶的心里，就不再出声了。

一旦奶奶停车出去，她便坐下来，学着奶奶的样子，嗡嗡地摇起纺车来。奶奶听到声音进屋阻止她说：“胡兰子，这可不是孩子家耍的，糟塌了棉花不说，弄坏了纺车可咋办？”刘胡兰淘气地看着奶奶，待她消气了，才说：“奶奶，你不说少不学老不会吗？现在你不让我摸纺车，我怎么学会纺线啊?”奶奶听了，又好气，又好笑地说:“鬼丫头，嘴犟!”

刘胡兰的妈妈是个勤劳而开明的妈妈。刘胡兰最早认识的字，“抗日救国”、“毛主席万岁”是妈妈一边纺线一边教她的。

根据斗争需要，党要培训大批干部，中共文水县委决定在汾河西的贯家堡村举办“妇女干部训练班”，各村选送妇女积极分子去学习。刘胡兰找到训练班负责人吕梅，要求参加学习。吕梅见她态度坚决，就说:“好吧，你回去说服你奶奶，她同意，你就来。”

谁都知道她是奶奶的宝贝疙瘩，奶奶说什么也不会让13岁的胡兰子离家外出学习去。“怎么办?”刘胡兰心急如火。可开明的妈妈帮了她的忙，替她说服了奶奶。刘胡兰该是多么爱她的妈妈呀！是啊，刘胡兰5岁的时候，就知道侍奉重病的母亲。她围在母亲身边，问寒问暖，察看病情。当她发现妈妈发烧时，就赶忙用湿毛巾给妈妈擦擦脸，当妈妈渴了的时候，她就给妈妈倒杯水。每当奶奶煎好了药，她就小心翼翼地把药端到妈妈跟前，有时用力把妈妈扶起来，给妈妈倚着，待妈妈把药吃完，扶妈妈躺好，然后再拿毛巾给妈妈擦擦嘴角。为了让妈妈安静养病，她又把妹妹爱兰子带到外面去玩。

后来，刘胡兰渐渐长大了，开始走上革命的道路了，对支持她、理解她的好妈妈，感情也就更加深沉了。

## 67. 高小霞少年早当家

高小霞是中国著名的女化学家，业绩卓著。

小霞出生在浙江省萧山县。她的童年充满着艰辛和苦涩，没有欢乐。

小霞的父亲写一手好字，是个被旧社会埋没的书法家，在上海中华书局当编辑。

为了让小霞读书，在小霞8岁那年，父亲把她从家乡接到上海。

小霞年龄虽然不大，可是非常懂得关心人。父亲体弱多病，小霞每天悉心照料，问寒问暖。她知道学习机会来之不易，每天抓紧时间刻苦读书，仅用8年的时间就读完了12年的学业，在她19岁那年考取了有名的西南联合大学。

可是，年迈的父亲却失业了。小霞接到录取通知书，却没有去四川上大学。她知道家境艰难，她要靠自己的劳动养活一家人。于是，她进了一所中学当老师，挣钱补贴家用，照顾父母。

她一边教书，一边学习。两年后，她又报考大学，考上了上海交通大学化学系。

偏偏在此时，父亲经不起贫穷和疾病的折磨，不幸去世了。残破的家失去了支柱，小霞全家又一次陷入了窘境。

母亲含泪问女儿："小霞，妈妈不想拦你上大学，可是，你那学费上哪儿弄啊！……"小霞掏出手帕，为母亲擦去泪水，安慰她："妈妈，您不用着急，我早想好了，白天我去听课，晚上给人家当家庭教师。这样，学费也有了，还能养活您老人家！"

高小霞知道，这是她所能想的自己不再失去上大学机会的唯一办法了。

听了女儿的话，母亲哭得更伤心了："小霞，那样你太辛苦了，你会吃不消的！"

小霞脸上勉强露出一点笑容："妈妈，您别为我担心，我苦惯了，不要紧的。只是我在家的时间少了，照顾不了您，挺不放心的。"

就这样，高小霞鼓起生活的勇气，走进了上海交通大学的大门。每天，她和同学们一起专心地听课。上完课，别的同学可以在学校里娱乐、休息，高小霞只能闷在教室里赶作业。

到了夜幕降临的时候，她匆匆赶去家教。若来不及吃饭，肚子饿了，就用一块铜板买一块烤红薯充饥。

她披星戴月地赶到有钱人的家中，为有钱人家的孩子辅导功课。有的孩子脾气大，自己学不好功课，还要怪家庭老师讲不明白。小霞总是小心翼翼地施教。她知道，若稍不注意，惹恼了人家，工作就有可能随时丢掉。

小霞在奔波劳碌中熬过了一个月，她终于拿到了几块银元。她把工资带回家，如数交给母亲。

高小霞硬是这样半工半读，一边上学，一边赡养母亲，坚持了几年大学的学习。交大同学中，有的念不下去，中途退学了。最后全班只剩下 *21* 位同学，高小霞是其中唯一的女生。同学们都称赞她：“高小霞在学校里是优等生，在家是孝女！”

高小霞在毕业考试时，总成绩排在全班第五名！

## *68.* 蒋筑英千里探母

蒋筑英是新中国自己培养起来的优秀科学家，对光学精密机械的研究有杰出的贡献，同时又是孝敬父母的楷模。

*1967* 年初，蒋筑英的妈妈得了癌症，重病缠身，十分想念儿子。蒋筑英接到家书，请假从长春乘车南下，千里迢迢回到江南老家，探望母亲。

他回到家后，一方面为母亲寻医问药，一方面抽空挎起菜篮子到市上为母亲选购爱吃的菜肴。他拿回家洗净、切好，把各种佐料配全，然后用纱布盖好。等妈妈想吃时，立刻烧出来。接着他又提水，又收拾屋子。做完这些家务活，他才拿出一本书，守候在母亲身边，听候母亲差遣，总之，他不离母亲身边。

妹妹小林看哥哥晚上守半宿，白天又这样操劳，太累了，就劝他去躺一会儿。蒋筑英则说：“平常日子尽你们在家侍候，这次我回家住几天，就让我多干点吧，也算我对母亲尽一份孝心啊！”

说到这儿，他不由得回忆起往事：

*1954* 年父亲被作为“历史反革命”判刑入狱，两年后，自己考上了北京大学物理系。母亲一人带着两个弟弟和三个妹妹，依靠糊纸盒艰难度日，而自己靠助学金完成了历时 *6* 年的学业。他感到母亲太辛苦了！

如今，他回到母亲的身边，不仅满足了母亲日夜思儿之情，而且要多多侍奉母亲，以尽孝母之情。

蒋筑英假满回单位后，还非常惦着母亲的病，经常给家里写信，了解母亲的病情，要母亲多多保重。

不仅母亲有病时如此，就是平常日子，他也总是惦着家里老人和弟弟、妹妹，每月寄钱给家里。就是在他读研究生的时候，也省吃俭用，从每月 *40* 元的助学金中，给妈妈寄回 *15* 元钱，有时寄 *20* 元钱，贴补家用。

*1967* 年母亲去世后，自己又成了家，他与爱人月收入百余元的工资，要维持四口之家，可他每月还给待业的妹妹寄去 *20* 元钱的生活费。

*1982* 年，他父亲的错案纠正了。他得到消息，立即提笔给父亲写信。他在信中引用了一句德国谚语，大意是：结局好，就一切都好了。还劝慰父亲，要向前看，争取美好的未来。而且开导家人，不要有怨气，父亲的问题是历史造成的。他体谅国家困难，告诉父亲不要伸手向组织要钱，父亲的生活由他和弟、妹负责。于是他每月给家寄钱。用他自己的话说：“孝敬父母，补助家里生活，是儿女应尽的义务，是一个共产党员应有的美德。”

# 69. 浩然不忘母训

浩然，现代著名作家，原名梁金广，浩然是革命战争年月的化名，以后沿用下来，成了现用名和笔名。祖籍河北省宝坻县山药庄村。1932 年 3 月 25 日出生在开滦赵各庄矿区的一个贫苦矿工家庭。

浩然少年丧父，生活无依，母亲带他和姐姐寄居在舅父家。母亲思想开明又要强，常常教育浩然说："人活着要有正气，要有志气，不然就等于白活一世。"这话一直铭刻在浩然的心上，成为他茫茫人生前程的一盏明灯，伴他至今。

少年浩然深念母训，他想：正气和志气，就是要好好念书，长大了去做官。他带着这样的想法进了本村的私塾学校。可是书还未念，母亲病倒了，他只好与姐姐一起侍奉母亲，日夜守候在母亲的身边。不久，母亲病逝，他和姐姐便成了孤苦无依的穷孩子，哪里还谈得上念书。

新中国成立以后，由于艺术的诱惑，新生活的鼓舞，他爱上了写作。由于热爱生活，深入生活，刻苦努力，所以写得快，写得多，写得好。这时他已被选拔为《河北日报》新闻记者，前程似锦。

一次偶然错误，他被撤掉新闻记者职务，被"发配"到读者来信科负责拆阅信件。这时，他又想起母训："人活着要有正气，要有志气，不然就等于白来一世"这句话支撑着他的精神，使他抓紧业余时间，练习写作，向命运抗衡。他在报社附近租了一间民房，买了一张小炕桌，和一盏小油灯。每天工作一结束，就钻进那间四五平米的小屋，不是读就是写，终于写成入门之作——《喜鹊登枝》，发表在《北京文艺》上。自此，一发不可收，很快成长为我国现代著名作家。

"十年动乱"，他又同遭恶运，受专案清查。用他自己的话说："在人生的道路上，我重重的摔倒了，摔得我昏天黑地，从肉体到灵魂都疼痛难挨。"

"人活着要有正气和志气"，母亲的话又给了他勇气，使他振作起来。他决心要张正气，鼓志气，从摔倒处爬起来。他想："一个孤儿，一个半文盲的农民，在人生的崎岖道路上，能从昨天走到今天，我就有信心和力气从今天走到明天。"

母训，再一次使他战胜人生旅途上的坎坷，他先后发表了长篇小说《山水情》（拍成电影改名《花开花落》）和《儿童故事集》、中篇小说《浮云》、《勇敢的草原》等。以后他又陆续发表了《晚霞在燃烧》、《乡俗三部曲》、《迷阵》、《苍生》、《老人和树》、《赵百万的人生片断》等等。

就在他 *60* 岁高龄，疾病缠身的情况下，他仍牢记母训，决心用自己的正气和志气，在改革开放的大好时期，大展才华，再干一番事业。

浩然就是这样，几十年不忘母训，母亲那句"人活着要有正气，要有志气"的话，伴随他至今已整整 *60* 载，这 *60* 载，他历尽坎坷，而硕果累累。

## *70.* 鞠晓红替父解忧

跳伞女将鞠晓红，*1978—1988* 年，先后在安阳、成都、济南、广州、上海、北京、加拿大、瑞典、联邦德国、奥地利、保加利亚、泰国、意大利等地参加过 *20* 多次国内和国际重大比赛，*3* 次获得全国冠军，*9* 次打破全国纪录，*6* 次获得国际比赛个人单项及集体冠军，一次世界亚军和欧洲跳伞锦标赛第 *4* 名。先后摘取 *20* 多枚奖章，3 次荣立三等功。为表彰她的优异成绩，国家体委授予她“跳伞健将称号”，人民解放军三总部授予她“优秀运动员”荣誉称号。

鞠晓红父亲是 1935 年参加革命的老干部，从土地革命、抗日战争、解放战争到抗美援朝，戎马倥偬，九死一生，为革命做出了贡献。鞠晓红深深的爱着爸爸，敬重爸爸。

她万万没有想到，这样一位老革命的爸爸“文革”时期也会受到冲击。

父亲戴高帽游街，挂牌批斗，最后被隔离审查。刚刚上小学三年级的鞠晓红，看在眼里，疼在心里。她小小年纪就知道用加倍关心体贴父亲，来替父解忧。每天做好饭，她都一个人给父亲送去。趁爸爸吃饭的空隙，她赶紧帮助爸爸清扫楼道，洗刷厕所。她知道爸爸身体不好，干不了重活，自己多干一点，爸爸就可少受一点苦，少受一点气。冬天，爸爸被迫去烧锅炉，晓红就帮助爸爸推煤、倒炉灰，让爸爸坐下来，替他捶背，并尽量说些高兴的事让父亲宽心。

由于“文革”的折磨，父亲的视力急剧下降到 0.1。尽管这样，他还是每月给女儿写一封信，鼓励女儿为跳伞运动做出成绩。1977 年晓红在河北邯郸训练，准备在全国比赛。她父亲此时正在泰山黑龙潭疗养院疗养。他给女儿写信，想亲自看看女儿跳伞。但集训队有规定，凡有亲属来队，运动员就得停止训练，以确保安全。晓红舍不得训练机会，给父亲回了信，父亲理解女儿的心，取消了邯郸之行。选拔赛之前，父亲又写信鼓励她为国争光，希望她在国际比赛中传回佳音。

正当她去安阳参加第 15 届世界跳伞锦标赛运动员选拔赛的前夕，突然接到父亲病逝的电话，她立即登上北去的火车。

在低回的哀乐声中，鞠晓红望着父亲安祥的遗容，默默立下誓言：一定以出色的成绩告慰父亲的英灵。

1980 年 9 月，鞠晓红刚刚参加完第 15 届世界跳伞锦标赛归来，便风尘仆仆回到济南家中，将一枚闪闪发光的奖牌放在父亲相前，望着父亲的遗相，默默说道："亲爱的爸爸，女儿回来了，我没有辜负您的期望，我为祖国争得了荣誉！"

## 71. 任金茹改嫁带婆母

北京市工程机械公司卫生科任金茹一家三代和睦相处的事迹受到人们的称赞。1980 年 3 月 8 日，公司党委颁发给他们"三代同堂，和睦光荣"的奖状；北京市妇联命名他们为"五好家庭"；1982 年春节期间，中央电视台以"和谐美满的家庭"为题，播发了任金茹一家的事迹。他们一家人的新风尚、新道德广泛的被人们传颂着……

1976 年唐山大地震，任金茹失去了丈夫，她只得领着女儿谈海红回到北京的娘家。这时，婆母悲戚的向她诉说："我 14 岁当了童养媳，27 岁守寡，好不容易把这孩子拉扯大。现在……天哪，我以后可怎么活哟！"

任金茹搀扶着婆婆，满怀真诚的安慰道："妈，您老别难过，从今后，您就是我的亲妈，我就是您的亲女儿。我一辈子都不会离开您！"任金茹说到做到，她把婆婆带到北京，相依相亲，共同生活。每逢星期天，她就陪婆母，带上女儿看电影，逛公园，想借此宽慰婆婆，抹去婆婆的悲苦。在日常生活中，她事事与老人商量，让老人高兴。

几年以后，任金茹与本单位工人秦福仪结婚了。婚前，她与秦福仪说："我上有老人，下有孩子，结婚你要住到我家来……"小秦心领神会，说："你放心，我一定会像你一样，孝敬老人，喜爱孩子！"

一个不寻常的家庭组成了。金茹一如既往，待婆婆如亲娘一样。小秦不吸烟，不喝酒，每月工资和奖金一块交给“妈妈”。听说妈妈喜欢吃甜食，他就跑到王府井，变着样儿买来孝敬老人。有一次老妈妈生病了，他一夜起来两次，为老人喂水喂药。清晨，他烧好洗脸水，用手试试水温，相宜了，才端到老人跟前，照顾老人洗脸。接着再煮上一碗鸡蛋面送到老人面前。老妈妈面对这香味扑鼻的热汤面，内心十分感动，有时禁不住热泪盈眶……

老人打心眼喜欢这“姑爷”，也想方设法帮助他。小秦早上换下的衣服，常常扔在床上来不及收拾，老人就给他叠得整整齐齐。有的脏了，还给他洗一洗。小秦发现后心里很不安，说：“妈，您这么大岁数了，还给我洗衣服，累着可怎么办？”从此，小秦总是把换洗衣服妥善管理起来，抽空自己动手洗。

任金茹和秦福仪孝敬老人的好品德，深深的教育了孩子谈海红，她待继父如亲生父亲。

中午，她早早就站在门前迎候爸爸下班回来；家里买来苹果、鸭梨，她总是挑个大的送给爸爸，接着送给奶奶、妈妈，自己吃小的。一次，爸爸发烧，躺在床上，海红围前围后侍候爸爸。每次喂药，她都往水杯里加一勺糖，小心的搅拌搅拌，再用手帕垫着，递给爸爸，并学大人的样子说：“爸爸，您喝水吧，您喝水吧，一点都不烫，我试过了！”小秦望着女儿，感动得说不出话来。

单位、邻里谁个不羡慕任金茹和谐美满的小家庭！

## 72．李薇薇孝敬公婆

李薇薇是刘英俊式的女英雄。她生前是九台市供销合作社联合社职工学校教师。*1991* 年在纪念中国共产党成立 *70* 周年前夕，中共吉林省委追认她为中国共产党党员。同年 7 月 2 日，共青团长春市委追授她为“模范共青团员”。

1991 年 6 月 4 日，李薇薇准备乘车去上班，她刚走到庆丰路时，突然从前边胡同里窜出一辆无人驾驭的惊车，疯狂的惊马正欲扑向走在路上的小女孩，只见小女孩吓得浑身发抖，不知如何是好。就在这万分危急的时刻，李薇薇毫不犹豫的冲上前去，猛的把小女孩推到台阶上，小女孩脱离了险境，得救了，然而李薇薇却来不及躲闪，不幸被惊马撞倒在地，马蹄从她左胸部踏过……

群众将舍己救人的李薇薇送进医院，可伤势过重，抢救无效，年仅 27 岁的李薇薇就这样壮烈牺牲了。

李薇薇在生前交给党组织的一份思想汇报中写道：“一个人的生命是短暂的，要想求得永生，就必须将自己的一切奉献给社会，成为一个为社会所需要的人。”她用行动实现了自己的诺言，她不仅在关键时刻挺身而出，舍生忘死，而且在平时也处处严格要求自己，只讲奉献，不讲所取。

1974—1990 年，她在饮马河中心校读书时，连续被评为“三好学生”；在九台一中读书时被评为“优秀团员”；在九台市供销合作社联合社职工学校当教师时，被评为社系统“先进工作者”。

李薇薇孝敬公婆，更是远近闻名。

她结婚时，公婆给买了台彩电。一天她对公婆说：“把彩电放在你们二老屋里吧，妈妈整天在家没什么事儿，看看电视也好解解闷儿！”两位老人说什么也不肯，可薇薇硬是把彩电搬了过去。

她自己年轻轻的，却舍不得穿，而常常给公婆买新衣服穿。就是 6 月 3 日，她光荣牺牲的前一天，还跟婆婆说：“妈，等周日我姐姐来，我俩陪您上街，挑件漂亮的连衣裙。”婆婆听了，连忙说：“都这么大岁数了，还穿什么漂亮的连衣裙啊！”可心里却感到甜甜的，多么孝敬的儿媳呀！

她非常理解公婆牵挂女儿的心情。大姑姐是个通勤工，数九寒冬，顶风冒雪，来回等车很辛苦，她就把自己唯一的一件羽绒服送给了姐姐，说给姐姐挡风御寒。小叔在家待业，公婆忧心忡忡。她为了宽慰公婆，用自己年终领到的 *350* 元奖金，给小叔买了件时髦的皮夹克，全家人见她把小叔打扮得这么漂亮，非常高兴。

薇薇的一片孝心，换来了公婆和亲人对她的厚爱。当噩耗传来，公婆及全家人撕心裂肺、痛不欲生，婆婆哭昏过去 *3* 次！火化前穿衣服时，真挚的爱心使他们摒弃了世俗观念，体弱的公公亲自抱头，婆婆亲手为她换衣。火化后，小叔双手捧着骨灰盒，泪如泉涌。

全家人深切哀悼他们心爱的薇薇。

左邻右舍都夸赞他们崇敬的薇薇。

## *73*. 许艳梅体谅父母

许艳梅是中国优秀运动员。她从 *13* 岁第一次参加中德国际比赛夺得金牌后，跳水运动成绩不断提高，先后于 *1985* 年获得第 *5* 届世界分龄赛冠军、*1986* 年 *31* 届国际跳水赛冠军、第 *10* 届亚运会亚军、*1987* 年 *5* 届世界杯跳水赛女单和团体两项冠军、第 *6* 届全运会冠军。*1988* 年 *9* 月 *18* 日，在汉城第 *24* 届奥运会上，她一举夺得女子跳台跳水冠军，为祖国摘下第一块金牌。

许艳梅家庭比较困难，父母工资加起来还不足百元。这点微薄的工资，除维持一家 *6* 口人的生活外，还要补贴乡下的奶奶。许艳梅 *10* 岁进省体工队，开始学习跳水运动。同队小伙伴都比她家生活条件优裕，漂亮的新衣服一套又一套，零食也不间断。许艳梅非常体谅父母，体谅家中困难，从不向家里要这要那。每当队友吃点心、糖果、展示新衣服时，她总是低着头，默默的做自己的事。她心里暗下决心：“我家困难，不能与人比吃比穿，让父母为难，我要在训练中较量！”

每逢假日，队友们成群结队乘车回家，而许艳梅却总是一个人走回家去。一次，半路上碰见了教练，教练惊奇地问她：“你怎么不乘车呀?!”许艳梅微微一笑，说：“我不愿意坐车，太挤了，走着舒服。”教练哪里知道她心中的秘密——节省每一个“铜板”，为父母，为家庭！

还有一年冬天，北风呼啸，大雪纷飞。队友们都穿上厚厚的棉大衣，回到他们温暖的家，只有许艳梅衣着单薄的站在校门口，等候前来接她的爸爸。迟到的爸爸见女儿衣服上落满了雪，心疼的替她拍打着，拍打着……

许艳梅回到家，发现爸爸抽起大烟斗，便好奇地问：“爸爸，您怎么抽这个?”爸爸面带难色地说：“唉，卷烟太贵了，这叫黄烟，比起卷烟便宜多了！”

许艳梅返校了。一天，爸爸发现烟丝包鼓鼓的，打开一看，原来是捏成卷的一角钱的钞票塞在里边。这是艳梅平时积攒起来的零花钱，今日一并偷偷的给了父亲。

要知道，父亲为了不让女儿过分委屈，每月都给她几角钱零花，没想到，就连这几角钱她也不舍得花掉，还孝敬给了父亲！

## 74. 边荣唐七岁当家理财

边荣唐是山东省济南市第20中学的初中学生，被评为“全国百名好少年孝敬奖”和“全国十佳少先队员”，在北京中南海接过邓颖超奶奶亲手颁发的奖章。

边荣唐4岁丧父，与母亲相依为命，对母亲百般孝敬。

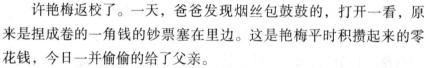

一天，妈妈做饭生火炉，因柴禾不好，炉堂冒烟熏得母亲两眼直流泪。小荣唐见了，打心眼里心疼母亲。于是，他偷偷的溜到街上去拣棒冰木棍，并捆成小捆，带回家中。妈妈问他：“拣这些小木棍干什么用?”“给您早上生炉子点火呀！免得您叫烟熏得淌眼泪。”妈妈见小荣唐这般孝顺，感到莫大的欣慰。

边荣唐7岁那年，又遭不幸。妈妈住进了精神病院。经过一段治疗回了家，可仍整日躺在床上昏睡。从此，照顾妈妈和上学读书双重任务一起压在了他的肩上，其艰难是可想而知了。

每天，天一蒙蒙亮，唐唐就得起床，打开蜂窝炉门，生火做饭，烧开水，灌暖瓶。之后，把早餐端到妈妈床头，服侍妈妈吃药、吃饭。这样，往往占去他好多时间，有时竟来不及吃饭，急匆匆揣个馒头，就往学校赶。

赶上星期节假日，他就更忙了。他要打扫屋子，还要搂着大盆洗衣服。洗完了，还得踏上板凳踮起脚尖往高高的绳子上晾晒。

更为可贵的是，他小小年纪就能替母亲当家理财。

他们母子俩仅靠母亲微薄的收入维持生活，加上母亲有病，需要调养，生活就更难了。可他精打细算，十分节俭的过日子。他每天，总是天黑之前去市场买菜，这个时间常常可以买到便易的菜，节省几个钱。慢慢的，他完全学会了做家常便饭，而且尽量做好，让妈妈吃着顺口些。有时，他还买上点肉，炒个菜。待端上桌时，他仔细把肉片挑出来，放进母亲的碗里。妈妈心疼儿子，眼含热泪说：“孩子，你吃吧，你正长身体！……”唐唐懂事地劝慰妈妈说：“妈妈，您身体有病，需要营养，我壮着呢，吃饱就行！”母亲深深感到儿子长大了，他越来越体谅母亲，孝敬母亲了。

边荣唐就这样一面读书，一面侍奉患病的母亲。他不但没因为家务影响学习，而且学习成绩始终名列前茅，还连续几年被评为“三好学生”。

进入初中后，他更加勤奋刻苦。老师夸他是个聪明上进的好学生。

## 75. 季洪波孝敬父母

季洪波是哈尔滨市铁路第五子弟中学的学生。他出生在一个父母双残的家庭。父亲因公失去了双腿和右臂，母亲又因车祸被夺去了右腿、左臂和三个手指。季洪波就是出生在一个双亲加在一起也只有七个手指一条腿的家庭里。

季洪波两三岁时，就开始自己洗脸，自己穿衣服，五六岁时，整理被褥，扫地、擦桌子、摆放碗筷，都成了他份内的事，他成了爸爸妈妈的好帮手。帮助爸爸生炉子、洗菜、做饭，爸爸摇着轮椅上街买东西，他站在轮椅的横梁上，跟着帮忙。

一次，季洪波的裤子刮了一个口子，他替爸爸穿上了针线，爸爸用残留的右肢按着裤子，左手捏着针，吃力地缝着。不一会累得满头大汗。他站在一旁目睹这情景，心里直发酸：多么刚强的爸爸啊？为了侍候妈妈，为了把自己养大，爸爸咬着牙闯过了一道又一道难关。我应该帮助爸爸挑起家庭的重担，分担家务。他抹着泪珠，从爸爸手中抢过针线，慢慢地学着缝起来。从这一天开始，他的衣服破了、扣子掉了，都自己缝。

1988 年 1 月 20 日，他的爸爸因心脏病突然发作而去世了。母亲被巨大的不幸击倒了，他安慰妈妈："要活下去呀。"他什么活都能干，不满 10 岁的季洪波一夜间成了家庭的支柱，担起了同龄人难以承担的重负。

一天半夜，妈妈病了，发高烧，他毅然背起妈妈上医院，由于从小营养不良，长得又瘦又矮，他一步一挪，几步一歇，满身大汗，硬是把妈妈背到医院。

每天早晨，季洪波早早起床，开始做饭，收拾屋子，并把做好的饭菜端到妈妈身旁。中午他一遛小跑回家，为妈妈热好饭菜；下午放学后，到市场买菜、做饭；晚上伺候妈妈躺下后，才坐下来温习功课。

季洪波花钱精打细算。他爸爸单位每月给110元的生活补贴费，开始他不会计划，不到月底就花完了，没有钱买菜，就和妈妈一起吃咸菜。有时咸菜也不多了，他就让妈妈吃，自己躲在厨房吃淡饭。这样凑和几回以后，他终于学会有计划地安排家庭开支了。

为了让妈妈得到安慰，冬天他拉着爬犁去取煤气罐，学着大人的样子，把粮食搬到家里。

一天晚上，他突然呕吐不止，全身发冷，腹部阵阵绞痛，为了不让妈妈担心，他咬着牙，硬挺着。半夜，他疼得再也挺不住了，可是他仍然没有惊动妈妈，悄悄爬起来，一手捂着肚子，一手扶着墙，一步一步艰难地向医院走去。后来他瘫倒在马路上，被民警发现了，把他送进医院。医生诊断为：急性阑尾炎，不马上动手术要引起穿孔。季洪波急得哭了，对医生说："我不手术，我不手术……妈妈还没有吃早饭，我今天还要考试哩……"

在班里，他各科的学习成绩一直名列前茅。他在学校里，事事走在同学的前面，是品学兼优的少先队员。他先后被评为"学雷锋标兵"，哈尔滨市"文明少年标兵"，黑龙江省"赖宁式好少年"，铁道部"学赖宁好少年"，全国"百名学赖宁先进少先队员"。1991年10月被评为全国第二届"十佳少先队员"。

# 76. 刘华金看望病父

田径运动员刘华金，1991年被评为“全国十佳运动员”。她以12秒73的成绩，打破了女子100米跨栏的亚洲纪录。

刘华金出生在福建省罗源县的乡村，家境贫寒，每日粗茶淡饭，但她却长了高身材，上小学时已经身高1.4米。她喜欢体育运动，爱蹦爱跳，念初中时曾代表福建省少年队参加全国少年田径赛，后来被省队教练选中，调入省队集训，练习跨栏。经过刻苦的训练，她的成绩明显提高。1984年她在百米栏比赛中共破13次全国纪录。1985年9月在印度尼西亚举行的第6届亚洲田径锦标赛上，她再创13秒22的全国纪录，并达到国际健将标准。刘华金的名字从田径场传向四面八方，当然也传遍家乡的山山水水。她的父亲高兴极了，为有了这么一个女儿而自豪。

1987年6月，刘华金正在雄心勃勃地准备进行夏季集训，迎接新的比赛，突然接到家里拍来的电报：“父病危，速归探望。”

刘华金落泪了。她是爸爸最喜欢的女儿。小时候她常在爸爸怀里撒娇。长大了，她当上田径运动员，无论走到哪里集训，总会收到爸爸从遥远家乡寄来的信。老人在信里说：“华金，你已经长成大人了，国家将你培养成材，不易呀！你要干出个样子来，为国家争光，也为咱家光宗耀祖……”。华金每当看到爸爸这朴实无华、落地有声的教导，心里对爸爸更加热爱、更加信赖。平时忙于训练，不能守在父母跟前尽女儿的孝心，如今父亲重病在床，女儿能不守在他老人家的身旁吗！

领导通情达理，同意刘华金回乡探亲。回到家中，刘华金望着面黄肌瘦的父亲，泪水如雨。被病痛折磨的老人看见爱女归来，兴奋得老泪纵横。但平静下来后，他却低声责怪女儿：“不去北京好好练，回来干什么?!”

刘华金眼中噙泪，俯身对父亲说：“爸爸，您想我，我知道。我回来守在您身边，您会好受些……”

父亲手术后第二天刚刚苏醒，便对身边的女儿说：“我好了，没事了，你快回北京去吧……”

刘华金理解父亲，父亲爱女儿是希望女儿干出个样子来。她听从父亲的话，告别亲人，回到了国家集训队。

刘华金从亲人的嘱托、疼爱和期望汲取了拼搏的力量。1990 年 10 月 2 日下午，在北京国际奥林匹克中心体育场，她以 12 秒 73 的成绩刷新了亚洲纪录。

## 77. 永不缩回双手的父亲

几年前，武汉发生了一起火车与汽车相撞的事故。一辆早班的公共汽车搁浅在一个无人看守的铁路道口，驾驶员下车找水去了。此时正是正月，天寒地冻，十几名乘客都舒舒服服地呆在还算暖和的车厢里，谁也没有想到大祸将临。

没人留意到火车是几时来的，从远远的岔道。只能说，是呵气成霜的车窗玻璃模糊了众人的视线，而汽车马达的轰鸣和紧闭的门窗又隔绝了火车汽笛的鸣响。当发觉的时候，一切已经晚了。

一切都停止了，却突然间爆发出孩子的哭声。

那是一个大概两三岁的小孩子，就躺在路基旁边不远的地方，穿着整洁的红棉袄，一手揉着惺忪的眼睛，还不知发生了什么事，只一味哭叫：“爸爸，爸爸……”

有旁观者说，在最后的刹那，有一双手伸出窗外，把孩子抛了出来……

孩子的父亲，后来找到了。他身体上所有的骨头都被撞断了，他的头颅被挤扁了，他满是血污与脑浆的衣服已经看不出颜色与质地……

是怎么认出他的呢？因为他的双手仍对着窗外，还在做着抛丢的姿势。

## 78. 父亲的游戏

两天前，儿子独自一人来到这个城市。现在，父亲要送他回去。

他们来到火车站，却在候车室的人口停下来。两个人盯着安检仪的小屏幕，那上面不断流动着各种箱包和编织袋的轮廓。

男人说：看到了吗，把行李放进去，屏幕上就会照出行李里面的东西……你看看，这是一个脸盆……这应该是一床被子……这个，一双皮鞋吧。可是，它为什么能照出里面的东西呢？男人低下头。问他七岁的儿子。

是 X 光的原因……你昨天跟我讲过的。儿子说。

男人满意地点头。他说是，是 X 光。只有 X 光，才能把东西变透明了，我们才能看见它的里面。

男人穿一件蓝色的工作服，那上面沾着点点泥水的痕迹。男人头发凌乱，目光是城里人所认定的那种卑微。看得出来他在某个建筑队打工。城市里有太多这样的男人，他们从家乡来到城市，散落到各个建筑工地。然后，用超负荷的劳动，来维系一种最低限度的期望。

男人说要是人钻进去，内脏就会清楚得很。这东西，就是你娘给你说的医院的 X 光机。

儿子使劲点点头。表情很是兴奋。安检员不屑地撇了撇嘴。如果说一开始男人的话还有些靠谱儿的话，那么现在，他已经开始胡说八道了。

男人冲儿子笑笑，你看好了……

然后他就做出一个让周围所有人都大吃一惊的举动。他突然扑向安检仪，蜷了身子，像一个编织袋般趴伏。安检员大喊一声，你要干什么？可是来不及了。传送带把男人送进安检仪，屏幕上出现男人趴伏的瘦小轮廓。几秒钟后，男人被安检仪吐出。男人爬起来，满面红光。

安检员冲过来，朝男人吼叫，你发什么疯？

男人尴尬地笑。他说，我和儿子做游戏呢。

做游戏？安检员怒火冲天，你们拿安检仪来做游戏？这东西对身体有害你不知道？

男人慌忙朝他眨眼。安检员正大喊大叫，忽略了男人急切的眼神。男人飞快地拉起他的儿子。男人说，走，我们去等火车吧！

他们来到候车室，找两个座位坐下。男人问儿子，你刚才看清楚了吗？

儿子说，不是很清楚。

男人说没关系，你看个大概就行了。得了肺病的人，肺那儿会有一个很大的黑影，你看见我有吗？男人跟儿子比划着肺的位置。他比划得并不准确。是，你那儿没有黑影。儿子认真地说。

这就对了。男人满意地拍了拍儿子的肩膀，你看我们多聪明，我们骗那个没穿白大褂的大夫说我们在做游戏，他竟信了。他竟没收我们的钱。你看看，我早说过你也能当大夫嘛。

是啊是啊。儿子两眼放光。

回去，你娘问你，你陪着你爹去看 X 光了吗，你怎么说？男人问。

去看过了。儿子说。

去哪个医院看的？男人追问。

去火车站医院看的。儿子回答。好儿子。父亲捏了捏儿子的小脸，我们拉钩吧！父亲伸出手，钩住了儿子的小指。他们仔细地钩勾，每一下都很到位。

告诉你娘，我的肺病早就好了，别再让她担心。也别再让她把你一个人送过来，陪我去医院。男人站起来。火车马上就要来了。

好。儿子使劲地点头，你的肺上没有黑影，我和娘都知道你的病早好了。

男人笑了笑。他再一次捏了捏儿子红扑扑的小脸。

男人把儿子送上了火车，往回走。他走得很快。他还得赶回去干活。他还得在这个城市里拼命赚钱。他要把赚来的钱全部带回家。家里需要钱，他不敢去医院检查他的病。哪怕，只是挂个门诊，然后照一张 X 光片。

男人走得有些急。他轻轻地咳起来。咳出的痰里，夹着淡淡的血丝。他紧张地回头，却想起儿子已经上了火车。于是男人笑了。刚才他和儿子做的那个游戏，让他满足和幸福。

## 79. 亲情铸成的大义

一位农民从外地打工返乡，乘车赶往自己的老家。到了离家 50 多里的地方，他突然感到自己身体不适，发热、咳嗽，从新闻中他看到过“非典”症状的宣传，联系自己的症状，心头便是一惊。

他想如果他是“非典”感染者，那么一车人就会被感染。他让司机把车停下来，自己走下车，慢慢步行回家。

那几十里路他走了很长时间。到了村口，已口干舌燥，真想回家喝一碗凉茶，马上见到他的妻子和老父亲。但他却停住了脚步，他怕把自己的疾病传染给亲人和乡亲。

他就站在村口，大声唤着妻子的名字。他的妻子闻讯赶来了，他让妻子给他端一碗水，摆在村口的一块大石头上，然后让妻子走远些，不要靠自己太近。

水喝完了，他又对妻子说：“把父亲叫来。”

妻子就把他的老父亲扶来了。他双膝跪下，朝老父亲磕了一个头，说：“孩儿可能得了‘非典’，这就上医院去，您老人家多保重。”说完，他在老父亲和妻子的眼泪中独自步行去了医院。庆幸的是，他患的不是“非典”。

这是一个真实的故事，发生在江苏丰县。市委书记听到这个故事后，感慨万千，盛赞这位叫张元俊的大义农民。

儿女之情仿佛与大义相去甚远。常人看来，大义者必置儿女家庭之情于度外，有其无以复加的高尚的觉悟。但在这非常时期，这位农民兄弟恰恰用这些零碎、或许有些家长里短的情感构建了令人动容的义举，却没有让人感到一丝的琐碎和自私。滴水可见海，众涓汇成洋，世间之大义，皆同此理啊！

## 80. 奇迹的名字叫父亲

*1948* 年，在一艘横渡大西洋的船上，一位父亲带着小女儿，去和在美国的妻子会合。

海上风平浪静，晨昏瑰丽的云霓交替出现。一天早上，男人正在舱里用水果刀削苹果，船突然剧烈地摇晃，男人摔倒时，刀子扎进胸口。他全身都在颤抖，嘴唇乌青。*6* 岁的女儿被父亲瞬间的变化吓坏了，尖叫着扑过来想要扶他，他却微笑着推开女儿的手：“没事，只是摔了一跤。”然后轻轻地拔出刀子，很慢很慢地爬起来，不引人注意地用大拇指揩去了刀锋上的血迹。

以后三天，男人照常每晚为女儿唱摇篮曲，清晨为她系好美丽的蝴蝶结，带她去看大海的蔚蓝。仿佛一切如常，而小女儿没有注意到父亲每一分钟比上一分钟更衰弱、苍白，他看向海平面的眼光是那样忧伤。

抵达纽约的前夜，男人来到女儿身边，对她说：“明天见到妈妈的时候，请告诉妈妈，我爱她。”女儿不解地问：“可是你明天就要见到她了，为什么不自己告诉她呢?”他笑了，俯身在女儿额上深深刻下一个吻。

船到纽约港了，女儿一眼便在熙熙攘攘的人群里认出母亲，她大喊着：“妈妈！妈妈!”

就在这时，周围忽然一片惊呼，女儿一回头，看见父亲已经仰面倒下，胸口血如井喷，染红了整片天空……

尸解的结果让所有人惊呆了：那把刀无比精确地洞穿了心脏，他却多活了三天，而且不被任何人知觉。唯一可能的解释是因为创口太小，使得被切断的心肌依原样贴在一起，维持了三天的供血。

这是医学史上罕见的奇迹。医学会议上，有人说要称它大西洋奇迹，有人建议以死者的名字命名，还有人说要叫它神迹……

“够了!”那是一位坐在首席的老医生，须发俱白，皱纹里满是人生的智慧，此刻一声大喝，然后一字一顿地说：“这个奇迹的名字，叫父亲。”

## *81.* 爸爸的日记

爸爸老了。屡次嚷着要学晚年的托尔斯泰，回归故里，弃绝红尘。

妈妈和兄弟面面相觑，不知所措。我百般劝解无效，遂愤然作色曰："托翁散尽钱财是为了救济穷人，你是为了自己的怪癖，要令亲人伤心！"爸爸怒极，然而不敢责声——我是他从小娇养大的独生女儿。他转身回房，继续在日记里絮絮地缅怀故里，缅怀他的父亲。

那是太行山深处的一个小村落，古木浓阴，涧水如珠，七八户人家散落在山梁里。当年曾祖父手持大刀，率领全族老小逃难到晋中，爷爷就是那时星夜投奔了八路军。爷爷是从那里起家的，他胯下白龙马，在密集的枪声里，冲破封锁到总部去开会；他从白龙马上一个俯身，把在河滩上玩耍的我的父亲一把抢回，身后"嗖嗖"飞来日本小鬼子的流弹。

这些是爸爸念念不忘的回忆。他一辈子都生活在爷爷的光环下。

我从识字起，就公开地"偷"看爸爸的日记。爸爸佯作不知，有时还公然地和我讨论写作方法。有一次，我正高卧床上看书，爸爸蹙额道："秀姑！古人云，能立不坐，能坐不卧。你要下来走动。"我急忙翻身坐起，白着眼睛道："我正是'能坐不卧'哩。"爸爸哈哈大笑，当即记入该天的日记中，结尾一句是"吾儿狡黠可喜！"这一句我记得很清楚，因为"黠"字是我教他的。但我要他将"狡黠"改为"慧黠"，爸爸却执意不肯，说是要去矫饰而存本真。

又有一次，爸爸嫌我晨起磨蹭，教育我道，"鲁迅先生是边穿衣服边走出街去的"。我缓缓道："我还需洗漱吃饭，出街去做什么？"爸爸呵呵大笑，又在当天的日记里大大地记了一笔。

我曾痛陈妈妈婚姻的不幸，在于她嫁了一个自以为该做英雄的男人。父亲年轻时仗着爷爷的威望，很是任性尚气。"文革"期间在看守所做所长，一个十二三岁的少年因为写错口号被定为反革命，爸爸乘隙将他放了。后来有一天一个高大的中年人，背了一袋梨子跟在爸爸身后进门，就是那当日少年，他如今已是种植果木的专业户了。在我的记忆里，爸爸做法官，曾收留了几个孤苦的当事人在家里寄居，不曾收过一分一文。那些人后来有了生路的，都还懂得感念，见了叫声“大哥”；只有一个做了包工头的，有一年居然跑来说在我家里白做了几年苦力，很有秋后清算的意思。爸爸脸上涨红，咬牙道：“滚！”那一夜他的灯亮到很晚。

我不知爸爸在日记里写了些什么。我久已不再看爸爸的日记了。他也总是藏藏掖掖的，想必有太多的难堪与落寞。

其实我是明白的。那是一个男人终生的梦想彻底败落之后的悲绝。生性耿直，又添着些书生的意气，爸爸不仅不能再保护弱小，连自己也不能保全了。昔日的繁华落尽，他大约料不到人事逆转如此之快，我却从旁觑破了。

有一个在高校做教授的表亲，在和父亲畅谈后感慨：“若是在战争年代，你父亲是条好汉。”他为了对英雄的崇仰而生，生活在对英雄业绩的追慕里。然而凡事太琐碎，于是父亲就有了太多的失意。现实太卑琐，于是父亲总是不如意，以致落得晚景颓唐。我已颇得了些生存的技巧，每每对父亲的执拗颇不以为然，然而当我在灯下会晤那些曾经孤独过落寞过的文人的灵魂时，却立即原谅了父亲的优柔而鄙视自己的堕落。爸爸一世的雄心，消磨在岁月的尘埃里了。

总是记得小时过年的情景：妈妈端坐在窗下制作年糕，父亲在屋里踱来踱去，捧着《彭德怀传》高声朗读。我趴在床上，望望秀丽的妈妈，望望悠然的爸爸。那时爸爸未老，我还懵懂，然而心里觉得天地就是这样安然不易。

如今我只有过年才得回家来。爸爸抱着他的礼物，坐在床上看我给众人分发礼物。他那么安静，眼里闪出孩子一样的满足和好奇。我鼻子一酸，说：“爸爸，我们看书去吧。”

走在路上，爸爸佝偻的背，迟缓的脚步表明他确乎是个老人了，他的生命已经像挂在冬日枝头的一片树叶了，在阳光下闪出脆弱的金泽。自我南来后，每次回家爸爸总要亲迎。然而当我要走时，他总推说累了，躲进房里去。

不知昨夜他在日记里会写些什么。

## 82. 父亲的布鞋母亲的胃

一位朋友童年时，正赶上了三年困难时期。他告诉我，他能活到现在，全靠了父亲的一双布鞋。

朋友老家在鲁西南，一个平常都吃不饱饭的贫困山村，何况是全国人民都挨饿的那三年？朋友说他记事比较早，在那三年的漫长时间里，他每天要做的惟一事情，就是寻找各种各样的东西往嘴里塞。槐树叶吃光了吃槐树皮，草根吃光了吃观音土。观音土不能消化，把他的肚子胀成半透明的皮球。可是，在那样的年月，即使可以勉强吞咽下去的东西，也是那么少。朋友经常坐在院子里发呆，有时饿得突然昏厥过去。而朋友这时候还是一个孩子。

朋友的父亲在公社的粮库工作。有一阵子，粮库里有一堆玉米，是响应号召，留着备战用的。饥肠辘辘的父亲守着散发着清香的玉米，念着骨瘦如柴甚至奄奄一息的妻儿。有几次他动了偷的心思，毕竟，生命与廉耻比起来，更多人会选择前者。但朋友的父亲说，那是公家的东西，即使我饿死了，也不去拿。

可是他最终还是对那堆粮食下手了，确切说是下脚。他穿着一双很大的布鞋，要下班时，他会围着那堆玉米转一圈，用脚在玉米堆上踢两下，然后，若无其事地走回家。他的步子迈得很扎实，看不出任何不自然。可是他知道，那鞋子里面，硌得他双脚疼痛难忍的，是几粒或者十几粒玉米。回了家，他把鞋子脱下，把玉米洗净，捣碎，放进锅里煮两碗稀粥。朋友的母亲和朋友趴在锅沿儿贪婪地闻着玉米的香味，那是两张幸福的脸。

这时朋友的父亲会坐在一旁，往自己的脚上抹着草木灰。他的表情非常痛苦。这痛苦因了磨出血泡甚至磨出鲜血的脚掌，更因了内心的羞愧和不安。他知道这是偷窃，可是他没有办法。他可以允许自己被饿死，但他绝不允许自己的妻儿被饿死。朋友的父亲在那三年的黄昏里，总是痛苦着表情走路。他的鞋子里，总会多出几粒或者十几粒玉米、高粱、小麦、黄豆……这些微不足道的粮食，救活了朋友以及朋友的母亲。朋友说，他小时候认为最亲切的东西，就是父亲的双脚和那双破旧的布鞋。那是他们全家人的希望。那双脚，那双鞋，经常令我的朋友垂涎三尺。

饥荒终于过去，他们终于不必天天面对死亡。可是他的父亲，却没能熬过来。冬天回家的路上，父亲走在河边，竟跌进了冰河。朋友说或许是他的父亲饿晕了，或许被磨出鲜血的双脚让父亲站立不稳，总之父亲一头栽进了冰河，就匆匆地去了。直到死，他的父亲，都没能吃过一顿饱饭。

朋友那天一直在呜咽，他喝了很多酒。他说多年后，他替父亲偿还了公社里的粮食，还了父亲的心债。可是，面对死去的父亲，他将永远无法偿还自己的心债。

朋友走后，我想起另外一个故事。故事是莫言讲的，发生在山东高密东北乡。

也是三年困难时期，村子里有一位妇女，给生产队推磨。家里有两个孩子和一个婆婆，全都饿得奄奄一息。万般无奈之下，她开始偷吃磨道上的生粮食。只是囫囵吞下去，并不嚼。回了家，赶紧拿一个盛满清水的瓦罐，然后取一只筷子深深探进自己的喉咙，将那些还没消化的粮食吐出来，给婆婆和孩子们煮粥。后来她吐得熟练了，不再需要筷子探喉，面前只需放一个瓦罐，就可以把胃里的粮食全部吐出。正是这些粮食，让婆婆和孩子们熬过了最艰苦的三年。

她也熬过了那三年。她比朋友的父亲要幸运得多。可是，在她的后半生，在完全可以吃饱饭的情况下，这个习惯却依然延续。不管什么时候，只要看到瓦罐，她就会将胃里的东西吐干净。她试图抑制，可是她控制不了自己。

当她的儿女们可以吃饱了，她的胃，可能仍是空的——因为她看到了瓦罐。

我不知道应该形容他们伟大，还是卑贱？回想我的童年，应该是幸福的。既没有眼巴巴盼着父亲布鞋里的几粒粮食，也没有等着母亲从她的胃里吐出粮食然后下锅。可是我相信，假如我生在那个年代，他们肯定会这么做。并且，我相信世上的绝大多数父母，都会这么做。因为他们是父母，那是他们的本能。

你是怎么长大的？也许你长大的过程远没有那么艰难和惨烈，但是请你相信，假如你生在那个时代的贫苦乡村，假如你有一位看守粮库的父亲或者在生产队推磨的母亲，那么，支撑你长大的，将必定是父亲鞋子里沾着鲜血的玉米或者母亲胃里尚未来得及消化的黄豆。请爱他们吧！

# 第三章

# 学生热爱父母教育的主题活动

## 1.“感悟亲情，热爱祖国”主题班会活动方案

活动背景

如今的学生大都是独生子女，在父母的呵护中长大，却很少从父母的角度去体谅父母的艰辛与不易，还常常埋怨父母的唠叨、麻烦，怨恨父母不理解自己。特别现在很多独生子女往往只从父母那里索取，对父母的关心和爱视为理所当然，而不懂得去回报父母之爱。比如在家里对父母不够尊重，没有责任心、上进心等。2008年5月12日，四川汶川发生大地震，全国上下弘扬中华民族“一方有难，八方支援”的传统美德，对灾区人民进行了无私的援助。

前苏联著名教育家苏霍姆林斯基曾经说过：“只有爱妈妈，才能爱祖国。”因此，亲情是一切情感的基石。只有爱父母，才能爱学校、爱家乡、爱祖国、爱社会、爱我们生活的这个世界，才能永驻真爱，形成质朴健全的人性。从对父母之爱上升为热爱祖国的情感。

本次活动选定母亲节和父亲节这两个节日特别是灾区人民需要我们伸出援助之手之际召开，目的是希望帮助学生认识到，自己的一切都离不开自然和他人的恩赐，教育他们从我做起，从身边每一件细微的小事做起，用自己的行动去感恩他人，善待他人。

活动目的

（1）让学生了解亲情，体验亲情的无私和伟大，感受中华民族的传统美德。

（2）让学生回报亲情，更多的了解自己的父母，知道父母的不易，理解父母，学会感恩，学会感谢所有应该感谢的人，把对父母的爱付诸实际行动，从而推动学生更加努力的学习，回报家长、老

师、社会。

（3）丰富学生的生活和情感积累，激发学生从小有爱心，树立心中有他人，心中有祖国的情感。

活动准备

（1）准备节目，搜集文章，收集名言，主持人准备串联词。

（2）制作相关的课件。

（3）邀请父母参加班会活动。

（4）场景设计，渲染环境，奠定情感基调。

（5）挑选男女二位活动主持人：马同学、叶同学（简称马、叶）。

活动过程

（班会正式开始前播放音乐《母亲》主持人在音乐声中入场）主持人开场白：

马：一曲《母亲》把我们带到母亲身边，带到母亲暖暖的情谊中。

叶：是啊，人生在世，谁无父母，谁没有沐浴过父母的养育之恩。一个人从呱呱坠地，到长大成人，都不能离开父母的呵护，教诲，影响和扶持？

马：子女的一个个足迹，哪一个不印记着父母的深深情谊；子女的一步步成长，哪一步不浸透着父母的殷殷心血？

叶：父母养育子女，并不仅仅是为了传宗接代，延续生命，更主要还是后浪推前浪，一代胜一代的厚望。

马：父母对子女的感情是人世间最真诚，最无私，最深厚，最崇高的感情。为人子女者，你读懂这份感情了吗？

叶：你读懂这份希望了吗？

（合）：“感悟亲情，热爱祖国”主题班会现在开始。

**第一篇：创设情境，走进亲情，感悟亲情**

马：古今中外，有多少赞颂父母的歌曲；

叶：有多少演绎亲情的故事，有多少讴歌亲情的诗词、名言。

马：同学们知道的有哪些呢？请大家一起来说一说。（主持人请一些同学举例，可以是成语、歌曲、诗歌、名言等）。

马：母爱如海，妈妈，多么亲切的字眼；

叶：父爱如山，爸爸，多么诚挚的称呼。

马：接下来我们有请班主任为我们展示一组图片。（班主任事先准备好课件图片，并逐一给同学们介绍每一张图片所隐藏的一个一个动人的亲情故事，接着请同学们欣赏歌曲《天亮了》，班主任在音乐声中介绍动人的歌曲背后一个真实的、催人泪下的故事）

马：每一个画面都让人动容，母爱、父爱，亲情这些都是人生最大公无私、最大的财富。

叶：也许，我们的同学会说，我们的父母不如他们的父母那样伟大，我们的父母都很平凡，其实，润物无声不也是父母之爱吗？

马：现在，就请同学们用90秒钟的时间父母对自己关爱的一些难忘的事情。并说出来和大家共同分享。

评析：孩子的成长过程凝聚了父母无穷的爱，通过观察，感受父母的辛苦，了解亲情的无私，激发学生回报亲情的动机，引起情感的共鸣。

**第二篇：拥抱亲情，体验亲情**

马：我们的生活，父母总是牵牵挂挂，那我们又对关爱自己的长辈了解有多少呢？

叶：我们现在就请到场的同学家长上来和自己的子女做个游戏，测试一下孩子对父母的了解有多少。

家长与同学共同进行小测试，根据测试结果谈自己看法。你是否了解你妈妈？

（1）你妈妈的生日是____________。

（2）你妈妈的体重是____________。

（3）你爸爸的身高是____________。

（4）你爸爸穿____________码鞋。

（5）你妈妈喜欢颜色是____________。

（6）你妈妈喜欢水果是____________。

（7）你妈妈喜欢的花是____________。

（8）你爸爸喜欢的日常消遣活动是____________。

评析：让学生亲自去体验、去实践，让学生在实践和体验中体会父母的付出，感受父母抚育我们成长的不易，激发回报父母的情感。

**第三篇：回报父母（班主任主持）**

（1）学生讨论交流，确定汇报父母关爱的方案。

（2）请有家长参加的同学当着全班同学的面，亲自对父母说自己此时此刻最想说的话。（班主任播放背景音乐《烛光里的妈妈》）

（3）送一份礼物给自己的父母，如自己设计的小贺卡或小制作，一封感谢父母的信……

（4）班主任鼓励学生将自己事先做好的礼物一同送给来参加班会活动的同学的父母，将对父母之爱上升为对同学父母的博爱。

（5）班主任发言："同学们，回报父母的爱的行动不能停止，让我们用实际行动去回报父母的养育之恩，每天为父母做一些力所能及的事情，帮助父母减轻劳累，希望同学们有这样的决心，并且做到持之以恒来报答父母，让我们的父母成为这个世界上最幸福的人。"

（6）家长代表发言。

**第四篇：了解灾难，情系灾区**

马：同学们，除了自己的父母外，我们还有一位共同的妈妈，这就是我们伟大的祖国。

叶：正因为有了我们伟大的祖国，我们才可以健康的成长。

马：现在，我们的祖国正经历一场无路可退的巨大灾难，*2008* 年 *5* 月 *12* 日，一个令人难忘的日子。

叶：在一阵地动山摇的颤抖中，昔日美丽的县城轰然倒塌，随着这一声巨响，曾经的美丽与与祥和瞬间消散！（出示灾情图片，并播放背景音乐《希望》）

马：看到这些景象，此时，你想说什么呢？请同学们发表议论。

叶：是啊！面对这场突如其来的灾难，世人震惊了，整个中华大地哭了、全球的炎黄子孙们哭了（留白），可也就是在这些悲痛中，人们马上坚强的站了起来，都向灾区伸出了——（引说）援助之手。

马：在这次救灾过程中，社会上哪些人伸出了援助之手呢？班主任简单向同学们介绍，并结合本班同学的捐款情况进行总结。特别提到尽管家境并不富裕但却省吃简用把零用钱捐给灾区的邓丽娜、陆家纺、邓高万等同学。在爱的教育中弘扬中华民族“一方有难，八方支援”的民族精神，激发学生自强不息、团结互助、互帮互爱的美德。将对父母之爱上升为爱同胞、爱祖国的情感。

**祝福灾区**

“震灾无情，人有情”，“一方有难，八方支援”，在灾难面前我们坚强的站立着，因为“有一种力量支持着我们”，那就是爱，那就是团结的力量！

班主任：此时此刻，你有什么话想对我们的灾区人民说呢？（*1*~*5* 名学生）

（配乐课件出示）

班主任总结：每一双小手都代表一颗爱心

就让我们手手相连

心心相牵

将这爱的接力赛进行下去

生生不息

永无止境

班主任：现在请大家拿出我们的“爱心手掌”，在音乐声中将你们的祝福写在上面，然后，把它们贴到我们的“爱心”上，用我们最美好祈祷去祝福我们的灾区人民。

主持人点起蜡烛，全班同学手拿蜡烛，小部分同学站成“心形”，跟随《让世界充满爱》的歌曲音乐，齐轻唱，共同为灾区同胞祈福。

活动反思

爱心，是照耀世界的温暖阳光；是维系心灵和心灵之间的坚韧纽带……通过这次主题班会，同学们都表明了要好好的回报父母，热爱我们这个祖国大家庭的决心。同学们每个人都有一颗金子般的爱，他们爱自己的父母，更热爱伟大的祖国。相信灾区的人民收到了同学们的款物后一定会对大家的举动表示深深的敬意和谢意。人世间需要爱，只要人人都献出一点爱，世界将变成美好的人间。

## 2. “感恩父母”主题班会活动方案

活动背景

如今的中学生大多是独生子女，从小被父母呵着护着，从不知父母生活的艰辛劳累，不知父母的希望和期待。他们总埋怨父母的唠叨、麻烦，怨恨父母不理解自己，但从来不会从父母的角度，去为父母想想，体谅生活的忙碌与劳累。

活动目的

（1）让学生了解父母之爱，感受父母之情，体验爱的圣洁、无私和伟大。

（2）让学生学会理解父母，关心父母，孝敬父母，以实际的行动报答父母。

活动准备

（1）准备反映母爱和父爱的歌曲《白发亲娘》、《我的父亲母亲》、《烛光里的妈妈》、《慈祥的母亲》、《江河水》、《我爱永恒》。

（2）准备《爱进我家》、《天下父母心》flash 及体现父爱母爱的图片。

（3）准备一篇震撼心灵的母爱故事：《从狼嘴里交换出来的母爱》及一封《一位辛酸父亲的来信》。

（4）主持人准备串联词。

（5）准备有关课件。

活动过程

**活动开始**

1、课间播放《爱进我家》（flash）

2、主持人出场（背景音乐：《慈祥的母亲》）

A：冰冷的冬天，凛冽的风，皑皑的白雪……

B：温暖的阳光，慈祥的您——我的父亲，我的母亲。

A：父亲，你是一米阳光，丝丝缕缕地包裹着我，温暖着我！

B：母亲，你是一缕春风，时时刻刻地抚慰着我，浸润着我！

合：各位老师，各位同学，孝敬父母主题班会现在开始！

**感受父母之爱：**

B：下面请欣赏著名歌星彭丽媛的《白发亲娘》，并观震撼人心的母爱图片。

A：无论你身在何地，有一个人，她永远占据在你心中最柔软的地方，你愿用自己的一生去爱她；有一种爱，它让你肆意索取，享用，却不要你任何回报……这个人，叫“母亲”，这种爱叫“母爱”。

下面请听一个震撼人心的故事——《从狼嘴里交换来的母爱》。

（生讲故事，播放 flash《天下父母心》

B：这是一份惊天地、泣鬼神的母爱；这是人世间最崇高的、最圣洁的、最勇敢的母爱，我面对这样伟大而又无私的爱，我们怎能不为之动容，为之感动呢？而我们生命中所拥有的父爱又何尝不是如此呢？下面请欣赏著名罗立中的油画——《父亲》及朗读赏析。

（生边听边观赏）

A：父爱是山，无论你有多大的困难，她总是你依靠的屏障；父爱是路，无论你走到哪里，她都伴你延伸，为你指点迷津，护你一路走好……然而天下不幸的子女啊，却在摧残着我们生命中的守护神。下面请欣赏 *2004* 年 *11* 月 *4* 日《中国青年报》刊登的《一位辛酸父亲的来信》，朗读者：林同学。

（学生边听边看信，背景音乐：《江河水》flash）

**话说父（母）爱**

B：父爱如山，她沉默无语；母爱似海，无时无刻不在包容着你……人生天地间，谁没有自己的父亲，谁没有自己的母亲？但你觉得爱是什么？请以“父爱是……/母爱是……”的格式，谱写一曲爱的诗篇。（背景音乐：《我的父亲母亲》《世上只有妈妈好》）

A：看茫茫人世间，听尽沧桑物语，置身于爱的海洋的你，置身于如泉澈，如玉洁的爱河中的我，你感受到这平凡而又珍贵的爱了吗？

你能否用一颗感恩的心来描述父母对你的爱呢？

**真情回送**

（背景音乐：《我的父亲母亲》《我爱永恒》）

B：父爱如灿烂阳光，炽热而光明，她能融化冰川，净化心灵；母爱是盎然的绿草地，芳菲而宜人。然而在日常生活中，为什么我们总会与父母冲突和碰撞呢？请你描述一个你与父母冲突碰撞的故事。

（学生诉说。主持人追问：直到今天你想对爸爸、妈妈说什么呢？你想为他们做些什么呢？）

主持人可能用到的串联词：

①在这激动的时刻，我想对你说：既然你有这份真诚的孝心，为什么你不努力学习呢？争取在下次回家的时候，为你的父亲/母亲赢得一份笑容。

②听了你的倾诉，我们情不自禁的为爱而感动，在这里，我代表全体同学对你说："无论学习和生活遇到什么困难，我们大家都会帮助你，同时深深地祝福你的母亲/父亲幸福健康每一天。

③俗话说：虎毒不食子，其实人心都是肉长的，天下的父母都是一样的，都深爱自己的儿女，只是有些时候我们感到迷惘而不理解罢了。只要我们用一颗感恩的心，善待这份爱，相信雨后的晴空将会更加亮丽动人。

④真心的关怀是一杯清茶，但她足以温暖冰封的心；真诚的问候是一根火柴，但她足以照亮一片暗淡的夜空。一株纤弱的小草，在历经风雨洗礼后，又傲然挺起了不屈的胸膛，相信阳光总在风雨后，面对即将到来的期末考试，你能否为你的父母赢得一份笑容？

⑤聆听着你的诉说，感受着你的感动，我想送给你一句话："没有走不完的路，没有跨不过的山；没有比脚更长的路，没有比人更高的山。"人生的道路上，祝你成功启航！

⑥当代作家毕淑敏说："当我们年轻的时候不懂事，当我们懂事

的时候已不再年轻。世上有些东西可以弥补，但有些东西却永远无法补偿。”所以趁我们父母还健在的时候，多一份关心，尽一份孝心。

也许它只是一杯粗茶，也许它只是一碗淡饭，但在爱的天平上，他们等值，因为——孝心无价！

⑦父亲是登天的梯，父亲是拉车的牛，他额上的皱纹是我们刻的；他两鬓的白发，是我们亲手所染。我们一天一天的长大，而父母却一天一天地衰老。理解父亲吧，以我们爱心去抚慰那伤痕累累的心。

⑧唐代诗人孟郊在《游子吟》中写道：

慈母手中线，游子身上衣。

临行密密缝，意恐迟迟归。

谁言寸草心，报得三寸晖。

……

甲：拥有父爱，我们的躯体不再寒冷，拥有母爱，我们的枝叶常绿常青。

乙：请带着父母殷切的期待，带着自己的梦想，乘上理想之马，挥鞭从此起程。路上春色正好，天上太阳正晴，相信我们的明天会更好。

下面请欣赏男女生大合唱：《明天会更好》

（男女生大合唱，播放 flash）

甲：歌声缭绕悦耳，激荡人心，我们的心也如东升的旭日，充满着生机和活力。我们相信明天会更好，我们相信我们的父母将会幸福安康每一天！现在我们请学校领导为我们的主题班会画上一个圆满的句号。（背景音乐：《我爱永恒》）

合：我心永恒，我爱永存，为了父母的微笑，我们挥鞭从此起程，相信我们的明天会更好！各位老师，各位同学，《为了父母的微笑》主题班会到此结束！谢谢！

活动反思

当代作家毕淑敏说："当我们年轻的时候不懂事，当我们懂事的时候已不再年轻。世上有些东西可以弥补，但有些东西却永远无法补偿。"通过这次班会，同学们懂得了对父母要多一份关心，尽一份孝心。这份孝心也许只是一杯粗茶，也许只是一碗淡饭，但在爱的天平上，他们等值，因为孝心是无价的！不足之处，是现场没有请来学生的父母，让他们当场感受孩子们的孝心，但这只是活动的微疵，相信今后再举办类似的活动，我们一定会做得更好。